# COUR PÉNALE SPÉCIALE

## La phase de jugement des crimes internationaux

Souleymane TÉLIKO

# COUR PÉNALE SPÉCIALE

## La phase de jugement des crimes internationaux

Préface du Pr Babacar GUEYE

L'Harmattan
Sénégal

**10 VDN, Sicap Amitié 3, Lotissement Cité Police, DAKAR**

http://www.harmattansenegal.com
senharmattan@gmail.com
senlibrairie@gmail.com

ISBN : 978-2-336-42575-7
EAN: 9782336425757

« Le devoir des juges est de rendre la Justice, leur métier est de la différer. Certains font leur devoir. Beaucoup font leur métier ».

La Bruyère[1].

[1] J. de la Bruyère, Les caractères, Flammarion, 1880, p. 317.

# REMERCIEMENTS

C'est dans l'accomplissement des œuvres qui nous sont chères que nous pouvons prendre la pleine mesure de notre dépendance à nos proches et amis.

Merci infiniment à :

- Ma chère famille, épouses et enfants, pour leur soutien déterminant et leur présence motivante ;
- Mes collègues et amis Youssou Diallo, Moustapha Ka et Ismaêl Mayela pour les précieuses observations.

# ABRÉVIATIONS

**CAE** : Chambres Africaines Extraordinaires

**CETC** : Chambres extraordinaires au sein des tribunaux cambodgiens

**CME** : Conférence de mise en en état

**CPI** : Cour pénale internationale

**CPS** : Cour pénale spéciale

**RPP** : Règlement de procédure et de preuves

**CP** : Code pénal

**CPP** : Code de procédure pénale

**CEDH** : Convention européenne des droits de l'homme

**PP** : Programme de protection

**SAVT :** Service d'aide aux victimes et à la défense (SAVD)

**TPIY** : Tribunal pénal international pour l'ex-Yougoslavie

**TPIR** : Tribunal pénal international pour le Rwanda

**TSSL** : Tribunal spécial pour la Sierra Leone

**TSL** : Tribunal spécial pour le Liban

**USPVT** : Unité de soutien et de protection des victimes et des témoins

## SOMMAIRE

« *Il est juste que ce qui est juste soit fort ; il est nécessaire que ce qui est fort soit juste. La justice sans la force est impuissante. La force sans la justice est tyrannique. Il faut donc mettre ensemble la justice et la force et, pour cela, faire que ce qui est juste soit fort et que ce qui est fort soit juste* » [2].

---

[2] B. Pascal, *Pensées*, *Œuvres complètes*, édition 1963 n° 103-298, p. 512.

# PRÉFACE

L'ouvrage que le juge Souleymane TELIKO livre à la communauté scientifique s'inscrit dans le prolongement de la thèse de doctorat en droit qu'il a soutenue en 2019 sur le sujet « Les Chambres Africaines Extraordinaires et la répression des crimes internationaux en Afrique ».

Intitulé « *Cour pénale spéciale. La phase de jugement des crimes internationaux* », cet essai s'attaque à un objet d'étude bien connu des spécialistes, celui du phénomène polymorphe de la répression des crimes internationaux.

En effet, dans un contexte mondial, et plus particulièrement africain, marqué par des extrémismes comparables à ce que l'académicien Amin Maalouf qualifie « d'identités meurtrières », qui se traduisent par la perpétuation de crimes internationaux dans des crises de plus en plus sophistiquées, on assiste à la mise en place de politiques de répression judiciaire complexes, fondées sur des règles minima conventionnées garantissant un procès juste et équitable. Il s'agit de la boussole de la justice.

L'ouvrage est à priori une monographie, mais l'approche normative qu'il privilégie peut s'appliquer à la plupart des pays africains aux prises avec des conflits générateurs de crimes internationaux. En effet, l'Etat en Afrique, dans une large proportion, est confronté à la menace de groupes armés dissidents qui mettent en péril sa survie. La République centrafricaine (RCA), qui traverse depuis 2013, des crises aux relents ethnico-religieux sur toile de fond politique, en est une bonne illustration. La crise qui a occasionné des violations graves et massives de droits de l'Homme et de crimes internationaux, a provoqué une intervention multidimensionnelle de la communauté internationale dont la création de la Cour Pénale Spéciale (CPS) de Bangui. Dans un tel contexte, la justice, au cœur du processus de normalisation et de reconstruction, devient, mutatis mutandis l'épicentre des efforts de restauration de l'Etat de droit, un levier de la refondation de l'Etat et de la construction démocratique du pays.

L'auteur, Souleymane TELIKO, fait œuvre à la fois d'orfèvrerie et de spéléologie en entrainant le lecteur dans une plongée en apnée dans *La fabrique des jugements*[3].

Œuvre d'orfèvrerie par son effort intellectuel de mise en lumière de l'intelligibilité de la procédure judiciaire devant la Cour Pénale Spéciale de Bangui.

Œuvre de spéléologie par l'exploration et l'éclairage qu'il apporte dans ce domaine peu exploité et qui fait

[3] Arnaud Philippe, *La fabrique des jugements. Comment sont déterminées les sanctions pénales,* La Découverte, 2022.

finalement de l'ouvrage une jetée pour les communautés scientifique et professionnelle.

Écrit dans un langage et un style raffinés, l'ouvrage emprunte une démarche à trois temps :

*Primo*, l'auteur nous livre une réflexion sur les normes directrices de la phase de jugement devant la CPS. S'appuyant sur des affaires portées devant la CPS, le juge TELIKO analyse les normes consacrées pour garantir l'équité et la célérité du procès et met ainsi le droit à l'épreuve de la pratique judiciaire.

*Secundo*, l'auteur s'engage dans une réflexion sur le déroulement de l'audience devant la CPS. L'exacerbation des situations de crise ayant débouché sur la perpétuation de crimes internationaux et les multiples exigences difficilement conciliables des périodes de sortie de crise font toute la complexité de la mise en scène du procès, dont les phases de préparation des débats et de leur déroulement sont analysées par l'auteur à la lumière des affaires devant la CPS.

*Tertio*, l'auteur nous livre une réflexion sur le dénouement du procès. A l'instar de la pratique des juridictions pénales internationales, les textes de la CPS consacrent une césure avec le jugement sur l'action publique et le jugement sur les intérêts civils.

L'auteur révèle tout son talent de scénariste de la justice pénale internationale, au vu de la structuration générale de l'ouvrage et de la manière dont les procédures sont savamment séquencées. Dans les trois séquences du procès, l'auteur fait montre d'une grande maîtrise de la procédure pénale des juridictions de crimes internationaux. S'appuyant sur des règles consacrées par la CPI, le TPIY, le TPIR, le TSSL, le TSL, il adopte, par moments, une démarche comparative pour montrer les correspondances et les particularités des règles de droit procédural ainsi que les politiques jurisprudentielles desdites juridictions. En cela, cet ouvrage sera d'un grand apport pour les universitaires et les professionnels de la justice.

Ancien président de l'Union des magistrats du Sénégal (UMS), Souleymane TELIKO est un exemple de probité, une valeur cardinale dans son corps de métier, la justice. C'est aussi un chercheur rigoureux et méthodique.

**Babacar GUEYE**,

Agrégé de droit et de science politique

Professeur des universités,

Dakar, le 24 Novembre 2025

# INTRODUCTION

Traiter du sujet relatif au jugement des crimes internationaux peut, à priori, sembler relever d'une grande banalité, tant il est vrai que cette thématique a fait l'objet de nombreuses études.

Mais le sujet garde tout son intérêt, pour deux raisons au moins :

D'abord parce que la procédure pénale occupe une place fondamentale dans la justice répressive. Si, comme le disait le célèbre philosophe Lacordaire, « *entre le fort et le faible, c'est la liberté qui opprime et c'est la loi qui libère »*[4], on pourrait, tout autant, dire de la procédure pénale qu'entre le « faible » accusé et le « fort » Ministère public, c'est elle qui, à travers ses diverses règles, préserve cet équilibre dont dépend le caractère équitable du procès.

Ensuite, parce que derrière l'apparente uniformité des règles de procédure pénale, se cache une variété des modalités de jugement, due à l'influence de divers facteurs dont, entre autres, la nature du système juridique,

---

[4] Henri-Dominique Lacordaire, « Du double travail de l'homme », 52e conférence de Notre-Dame, 16 avril 1848, reproduite dans Œuvres du R. P. Henri-Dominique Lacordaire, tome IV, Paris, Poussièlgue Frères, 1872, pp. 471-495 (extraits des pages 490-494 – texte complet sur Gallica)

celle des infractions jugées ou encore la catégorie des juridictions saisies.

En effet, selon qu'on est dans un système d'inspiration romano-germanique ou de Common Law, la procédure de jugement n'est pas la même.

De même, dans toutes les législations, le jugement des crimes se distingue nettement, par ses modalités, de celui des autres infractions que sont les délits et les contraventions.

Enfin, l'analyse de la pratique révèle que le déroulement du procès pénal varie énormément selon qu'on est devant une juridiction nationale, une juridiction pénale internationale ou une juridiction pénale mixte comme c'est le cas de la Cour pénale spéciale (CPS).En effet, la CPS qui a été créée en 2015 au sein du système judiciaire centrafricain par la Loi organique n° 2015-003 du 03 juin 2015, est une juridiction pénale internationalisée[5] dont le

---

[5] Par l'expression « juridictions internationales », on désigne deux grandes catégories de juridictions :
La première concerne des juridictions qui appliquent le droit pénal international à travers un Statut qui leur est propre et qui sont composées de juges internationaux venant de divers pays. Le TPIR, le TPIY et la CPI, dont le caractère international est unanimement reconnu, font précisément partie de ce type de juridictions.
La seconde désigne une nouvelle génération de juridictions dites internationalisées ou mixtes. Selon la définition du professeur A. Cassesse, ces tribunaux pénaux internationalisés sont des « organes judicaires de composition mixte comprenant des juges internationaux et des juges ayant la nationalité de l'État dans lequel le procès a lieu ». (A. Cassesse, « International Criminal Law », Oxford Université Press, 3e éd., 2013, p. 343).

caractère hybride, très marqué, déteint sur la phase de jugement, lui donnant à maints égards, les allures d'une procédure inédite.

Ce caractère hybride tient tout d'abord, à l'application simultanée de lois nationales et du droit international.

En effet, la phase de jugement devant la CPS est, d'une part, régie par plusieurs lois nationales parmi lesquelles on peut citer :

– la Loi organique n°15-003 du 03 juin 2015 portant création, organisation et fonctionnement de la CPS[6] ;

– la Loi n°18 – 010 du 02 juillet 2018 portant Règlement de procédure et de preuves (RPP) ;

– le Code de procédure pénale centrafricain[7] ;

- le Code pénal centrafricain ;

– la Loi organique n° 95-0011 du 23 décembre 1995, relative à la Cour de cassation[8].

---

Les critères qui permettent de distinguer ces juridictions dites mixtes, des autres juridictions pénales internationales sont relatifs au mode de création, à la composition de leur personnel et au droit applicable.

[6] À travers son contenu, cette Loi caractérise, à elle seule, l'hybridité de la CPS en ce qu'elle prévoit l'application tant du droit positif centrafricain que du droit international conventionnel ou coutumier.

[7] Aux termes de l'article 5 de la Loi organique 2015-003 précitée, « Sous réserve des dispositions spécifiques contenues dans la présente Loi et dans les règlements pris pour son application, les règles de procédure applicables devant la Cour pénale spéciale sont celles prévues par le Code de Procédure pénale de la République centrafricaine ».

[8] Aux termes de l'article 14 de la Loi organique n°15-003 du 03 juin 2015 portant création, organisation et fonctionnement de la CPS, la Chambre d'appel de la CPS est alignée, statutairement, sur la chambre criminelle de la Cour de cassation de la République Centrafricaine.

D'autre part, l'application du droit international au sein de la CPS résulte des dispositions de l'article 3, alinéa 4 de la Loi organique 2015-003 aux termes duquel, « *la Cour pénale spéciale peut se référer aux normes substantives et aux règles de procédure établies au niveau international, lorsque la législation en vigueur ne traite pas d'une question particulière, qu'il existe une incertitude concernant l'interprétation ou l'application d'une règle de droit centrafricain ou encore lorsque se pose la question de la compatibilité de celle-ci avec les normes internationales* ».

Le caractère hybride de la CPS ressort, également, de l'intégration des procédures de la Common Law dans le régime de droit commun de Civil Law.

Ainsi, si, dans plusieurs de ses aspects, notamment la lecture de l'ordonnance de renvoi ou l'interrogatoire des accusés[9], la phase de jugement est régie par des règles du Code de procédure pénale (CPP) centrafricain, il n'en demeure pas moins qu'elle est aussi encadrée par des règles prévues par le RPP qui, sur ce point, a consacré des dispositions spécifiques, inspirées de la Common Law. Il en est ainsi de la possibilité de prononcer l'exclusion de certains éléments factuels du dossier [10]et du pouvoir, reconnu à la juridiction de jugement, de dresser un constat judiciaire de certains faits[11].

---

[9] Art 222 du CPP Centrafricain.

[10] Article 116 du RPP.

[11] Article 167 du RPP.

A travers ces dispositions, la procédure de jugement applicable devant la CPS se distingue nettement de celle applicable devant les juridictions nationales, ; ces dernières étant régies par la règle de la saisine « in rem

Créée dans un contexte de justice transitionnelle[12] initiée en République centrafricaine (RCA) par les autorités centrafricaines avec l'appui de la Communauté internationale, la CPS a pour mission de juger les crimes internationaux et les violations graves des droits de l'homme et du droit international humanitaire commis sur le territoire de la République centrafricaine depuis 2003.

Près de sept années après sa création, elle a officiellement ouvert son premier procès pour crimes internationaux le 19 avril 2022[13].

Ce procès concernait des faits de crimes de guerre et de crimes contre l'humanité commis dans la région de Paoua, au Nord-Ouest de la RCA, plus précisément, dans deux villages dénommés Koundjili et Lemouna.

À l'issue du procès tenu devant la Section d'assises, celle-ci a rendu, le 31 octobre 2022, son jugement par lequel elle a déclaré les accusés Issa Sallet Adoum alias Bozizé, Ousman Yaouba et Mahamat Tahir coupables de crimes de guerre et de crimes contre l'humanité et

---

et in personam » qui signifie que le cadre de saisine des juridictions est fixé, de manière irrévocable, par l'ordonnance ou l'arrêt de renvoi. En conséquence, les juridictions de jugement ne peuvent ni réduire, ni à fortiori, étendre la cadre de leur saisine.

[12] Le concept de justice transitionnelle s'articule autour de quatre (4) grands piliers : 1) les mécanismes pour établir la vérité ; 2) la répression pénale des crimes commis ; 3) les mécanismes ou mesures de réparation ; 4) les réformes des institutions pour éviter de nouvelles crises : « Voir à ce sujet l'accord politique pour la paix et la réconciliation en République Centrafricaine ainsi que la Loi n° 20-009 du 07 avril 2020, portant création, organisation et fonctionnement de la commission vérité justice réparation et réconciliation (CVJRR) ».

[13] CPS-Jugement n°003/2023 Dossier n°cps/cass/ISA/22-01.

les a condamnés respectivement à l'emprisonnement à perpétuité pour le premier et à 20 ans d'emprisonnement ferme pour les deux autres.

Le 20 juillet 2023, la Chambre d'appel, statuant sur l'appel interjeté contre cette décision par les avocats de la défense, a confirmé le jugement sur la culpabilité et a ramené les peines à 30 ans d'emprisonnement pour Issa Sallet Adoum, alias Bozizé et à 20 ans d'emprisonnement ferme pour les deux autres accusés.

S'il est vrai qu'à l'occasion de l'examen de ces deux affaires, les projecteurs étaient braqués sur la CPS, on ne peut, pour autant, affirmer que les règles qui gouvernent la procédure pénale devant cette juridiction soient bien connues du public, bien au contraire.

L'idée d'écrire cet ouvrage procède, précisément, du souci de contribuer, un tant soit peu, à mettre en lumière certains aspects théoriques et pratiques de cette procédure.

Certes, l'angle d'analyse aurait pu être élargi à d'autres aspects de la procédure applicable devant la CPS.

Mais nous avons fait le choix de limiter le champ de notre réflexion à la phase de jugement pour deux raisons :

D'abord parce qu'étant, par essence, la phase décisoire de la procédure pénale, cette étape constitue pour le public et surtout pour les parties au procès, le moment du couronnement, celui au cours duquel elles sont enfin édifiées sur les mérites des efforts consentis et des preuves collectées tout au long de la procédure.

Ensuite parce qu'à travers les principes qui la sous-tendent, notamment la publicité[14], la phase de jugement représente, pour ainsi dire, la vitrine de la justice pénale.

Par conséquent, la manière dont elle est conduite impacte, pour une large part, la perception que le public a de la juridiction dans son ensemble.

Afin de faire ressortir les grandes lignes de cette étape essentielle de la procédure, l'étude de cet ouvrage s'articulera autour des trois points suivants :

– les normes directrices de la phase de jugement devant la CPS (chapitre I) ;

– le déroulement de l'audience (Chapitre II) ;

– le dénouement du procès devant la CPS (Chapitre III).

[14] Parfois aussi la médiatisation à outrance qui accompagne certains procès internationaux.

# CHAPITRE I

# LES NORMES DIRECTRICES DE LA PHASE DE JUGEMENT DEVANT LA CPS

La phase de jugement est sous-tendue par des règles destinées à en garantir la crédibilité. Certaines de ces normes tiennent à l'équité du procès (Section I) tandis que d'autres visent à favoriser la célérité du procès (Section II).

## Section I : Les normes garantissant l'équité du procès

Il s'agit essentiellement des principes du procès équitable, lesquels s'appliquent aussi bien lors de la conduite de l'audience (Paragraphe I) que dans le cadre de l'examen des moyens de preuve (Paragraphe II).

### *Paragraphe I : Le respect des principes du procès équitable lors de la conduite de l'audience*

Au nom du respect des exigences d'un procès juste et équitable, les personnes accusées devant la CPS doivent être jugées dans le respect de la présomption d'innocence

(A), du principe d'égalité des armes (B) ainsi que du principe du contradictoire (C). En outre, le RPP a consacré un droit cher aux juridictions pénales internationales, celui de disposer du temps et des facilités nécessaires à la défense de sa cause (D).

## A. Le respect de la présomption d'innocence

### *1. Consécration du principe*

Toute personne poursuivie, quelle que soit la gravité de l'infraction, devrait être traitée comme un innocent tant qu'une décision de justice définitive n'a pas reconnu sa culpabilité. Aux termes de l'article 5 du RPP, qui reprend l'article 14, point 2, du Pacte international relatif aux droits civils et politiques du 16 décembre 1966, « tout accusé est présumé innocent jusqu'à ce que sa culpabilité ait été établie par la Cour.

La présomption d'innocence revêt deux aspects qu'il convient de distinguer.

Elle est d'abord une règle de preuve, ce qui implique quatre choses :

– La charge de la preuve incombe à l'accusation ;

– La personne poursuivie a le droit de garder le silence ;

- La personne poursuivie a le droit de ne pas s'auto-incriminer ;

– La personne poursuivie n'a pas l'obligation de dire la vérité[15].

La présomption d'innocence est aussi une règle de fond, ce qui signifie que tout individu dispose du droit à la réparation du préjudice subi en cas d'atteinte à ce droit.

Aux termes de l'article 5 du RPP, qui reprend l'article 14, point 2, du Pacte international relatif aux droits civils et politiques du 16 décembre 1966, « tout accusé est présumé innocent jusqu'à ce que sa culpabilité ait été établie par la Cour.[16]

L'accusé a aussi le droit de garder le silence, sans que ce droit soit pris en considération pour la détermination de sa culpabilité ou de son innocence.[17] Le juge ne condamne la personne qu'en l'absence de doute sur la commission des faits.

### *2. Application du principe par la CPS*

Cette règle a été rappelée avec rigueur par la Chambre d'appel dans l'affaire Paoua jugée le 20 juillet 2023. Dans l'examen des moyens d'appel relatifs aux circonstances aggravantes, la Chambre d'appel a considéré « *qu'en retenant comme facteurs aggravants des peines, les abstentions d'exprimer des regrets ou de*

[15] L'obligation de dire la vérité s'impose, en revanche, aux témoins ainsi qu'aux interprètes. Cela explique aussi pourquoi les accusés ne prêtent pas serment de dire la vérité, contrairement aux témoins ou aux interprètes.

[16] Art 5, C du RPP.

[17] Art 5, h du RPP.

*collaborer à l'enquête, la Section d'assises avait commis une erreur de droit* »[18] .

Cette position de la Chambre d'appel est illustrative de la portée de la présomption d'innocence qui signifie que la culpabilité doit être fondée, non pas sur le comportement de l'accusé devant la barre, mais sur la consistance des éléments de preuve réunis contre lui.

## B. Le respect du principe d'égalité des armes

### *1. Consécration du principe*

Pierre angulaire du procès équitable, l'égalité des armes implique l'équivalence des moyens mis à la disposition des parties à toutes les étapes de la procédure.

Ce principe implique que chaque partie au procès ait la possibilité de présenter sa cause dans des conditions qui ne le placent pas dans une situation de net désavantage par rapport à son adversaire.

Il s'agit, non pas d'une égalité absolue qui mettrait à la disposition des parties des droits identiques, mais d'une exigence d'équité qui nécessite que chaque partie puisse effectivement exercer ses droits sans être nettement désavantagée par rapport à ses adversaires.

Ainsi, les parties doivent disposer des mêmes possibilités relativement à la communication des pièces, à la présentation de leur cause, à l'audition des témoins et au droit d'user de voies de recours.

[18] CPC, Arrêt de la Chambre d'appel, 20 juillet 2023, par. 489.

Aux termes de l'article 5, B, du RPP, chaque accusé a droit à « *ce que sa cause soit entendue équitablement et publiquement…* ».

*2. Application du principe*

Dans le cadre de l'examen de l'appel interjeté par les accusés dans l'affaire Paoua précitée, la Chambre d'appel a eu l'occasion de se prononcer sur la portée de ce principe d'égalité des armes.

En effet, devant la chambre d'appel, les avocats de la défense ont soulevé, entre autres moyens, la violation du principe d'égalité des armes en faisant, notamment, valoir que *« la défense n'a jamais été invitée à participer aux visites sur les lieux des crimes, alors que le Parquet spécial y aurait participé »*[19].

Tout en admettant la possibilité d'invoquer le principe d'égalité des armes, les juges d'appel de la CPS ont finalement, rejeté le moyen en rappelant que « *le système procédural de la CPS, à l'instar de la procédure devant les juridictions hybrides similaires, ne prévoit pas d'actes d'enquêtes menés directement par la défense* ».

Les motifs ci-dessus évoqués mettent en exergue la spécificité du système romano-germanique caractérisé par l'existence de juges d'instruction chargés d'instruire à charge et à décharge. Le principe d'égalité des armes n'aurait été rompu que s'il avait été établi que les juges d'instruction n'avaient instruit qu'à charge ou à décharge.

---

[19] CPS, Arrêt de la chambre d'appel, 20 juillet 2023, par. 92.

Cette position de la Chambre d'appel a aussi le mérite de révéler, au grand jour, la différence qui existe entre la CPS et la CPI où les parties civiles ont la possibilité de mener directement, leurs propres investigations.

### C. Le respect du principe du contradictoire

Le principe du contradictoire est défini comme étant « *la faculté pour les parties à un procès pénal ou civil de prendre connaissance de toutes pièces ou observations présentées au juge en vue d'influencer sa décision ou la discuter* »[20].

Au nom de ce principe, chaque partie doit avoir la possibilité de prendre connaissance des pièces ou observations présentées au juge et de les discuter. La règle du contradictoire est un principe fondamental du procès équitable qui s'applique à toute procédure, qu'elle soit pénale, civile, administrative ou disciplinaire.

Aux termes de l'article 5 du RPP, l'accusé a « *le droit d'interroger ou de faire interroger les témoins à charge »*[21] *de même qu'il a « le droit d'examiner tous les éléments de preuve à charge qui seront présentés au procès »*.[22]

Dans l'affaire Paoua citée plus haut, les parties ont eu le loisir d'interroger et de contre-interroger les témoins appelés à la barre.

---

[20] CEDH, 20 février 1996, Vermeulen C/ Belgique.
[21] Art 5, e, du RPP.
[22] Art 5, f du RPP.

## D. Le droit de disposer du temps et des facilités nécessaires pour défendre sa cause

Cette règle, qui est l'une des pierres angulaires du procès équitable, est inscrite dans les statuts de toutes les juridictions pénales à caractère international.

### *1. Consécration du principe*

Le droit de disposer du temps et des facilités nécessaires pour défendre sa cause a été consacré par les principaux instruments juridiques internationaux relatifs aux droits de l'homme. Ainsi, le Pacte international relatif aux droits civils et politiques, dispose que : « *toute personne accusée d'une infraction pénale a droit [...] : [à] disposer du temps et des facilités nécessaires à la préparation de sa défense* [...] »[23]. Cette disposition est reprise dans l'article 5-b du RPP de la CPS aux termes duquel l'accusé a « *Le droit de disposer du temps et des facilités nécessaires à la préparation de sa défense et communiquer librement avec l'avocat de son choix* ».

### *2. Application du principe*

La Section d'assises a eu l'occasion de faire application de ce principe dans le cadre de l'affaire Paoua.

---

[23] Article 14(3)(b).

En effet, lors de la première audience tenue le 25 avril 2022, les avocats de la défense et des parties civiles ont sollicité le renvoi afin de mieux se préparer.

Après avoir recueilli les observations des autres parties, les juges ont fait droit à la demande et ont renvoyé l'audience au 16 mai 2022[24].

Ils ont aussi fait droit à la requête des avocats des accusés tendant à autoriser un avocat international, en l'occurrence maître Jean-Claude Safari ZOLO, avocat congolais, à assister les accusés aux côtés des avocats nationaux centrafricains.

### *Paragraphe II : La prise en compte des principes du procès équitable lors de l'examen des moyens de preuve*

Dans l'appréciation de la force probante des moyens de preuve, le juge de la CPS fait prévaloir, à l'instar des juges des juridictions nationales, son intime conviction.

En effet, aux termes de l'article 162 du RPP, *« l'aveu, comme tout élément de preuve, est laissé à la libre appréciation du juge ou de la chambre »*.

Ainsi, il appartient au juge d'apprécier, au cas par cas, le poids qu'il sied de conférer à tel ou tel élément du dossier et d'en tirer les conséquences sur la culpabilité ou l'innocence de l'accusé.

Toutefois, cette règle est tempérée par la nécessité de respecter les principes du procès équitable en cas

[24] Voir notes d'audience, jugement du 31 octobre 2022.

d'existence d'une Convention de collaboration (A) ou de recours au procédé d'anonymat (B).

### A. Force probante des déclarations contenues dans une Convention de collaboration

Aux termes de l'article 149, alinéa A, du RPP, « Un suspect ou un inculpé qui reconnaît sa participation aux faits qui lui sont imputés et qui fournit à l'autorité judiciaire toute information utile à la manifestation de la vérité ou permettant d'identifier d'autres auteurs ou complices peut faire l'objet d'une convention de collaboration.

L'alinéa C du même article précise que les aveux et déclarations de l'inculpé sont consignés dans une Convention de collaboration qui est signée par l'inculpé, son avocat et par le Procureur spécial.

Cette Convention dite de collaboration est la transposition, au niveau de la CPS, de la pratique du plaidoyer de culpabilité, « plea bargaining » en anglais, qui tire son origine du système de la Common Law et qui a été consacrée par la plupart des juridictions pénales internationales, notamment la CPI[25], le TPIY[26], le TPIR[27], le TSSL[28] et le TSL[29].

---

[25] Article 65 du statut de Rome.
[26] Article 62 bis du RPP.
[27] Article 62 B du RPP.
[28] Article 62 du RPP.
[29] Articles 99 et 100 du RPP.
A quelques détails près, la pratique du plaider coupable procède de la même logique : Pour ce qui est par exemple du TPIY, Le Règlement du

S'il est indéniable que cette pratique présente l'avantage de favoriser la célérité du procès en faisant l'économie de longs débats sur une partie des faits, il n'en demeure pas moins qu'elle n'est pas sans risque pour l'équité du procès.

En effet, les déclarations de l'accusé qui a accepté de faire des aveux et de collaborer pour la manifestation de la vérité, peuvent comporter des éléments défavorables aux autres parties au procès et, en particulier, à ses coaccusés.

Si la consécration de la Convention de collaboration dans les termes ci-dessus indiqués, permet de faire l'économie d'un long procès, force est d'admettre que les déclarations consignées dans cette Convention devraient être analysées avec soin par les juges, afin d'éviter toute erreur d'appréciation préjudiciable aux droits des autres parties à un procès juste et équitable.

---

Tribunal permet à un accusé de conclure un accord sur le plaidoyer, par lequel il reconnaît sa culpabilité pour l'ensemble des chefs d'accusation retenus contre lui, ou certains d'entre eux. Cet accord est négocié entre le Procureur et l'accusé. La Chambre de première instance ne participe pas à la négociation de l'accord sur le plaidoyer, mais doit entériner celui-ci pour qu'il prenne effet. Pour qu'un plaidoyer de culpabilité soit accepté, la Chambre de première instance doit être convaincue qu'il a été fait délibérément et en connaissance de cause, qu'il n'est pas équivoque et qu'il existe des faits suffisants établissant la responsabilité de l'accusé pour le crime reproché. Lorsque l'accusé ne plaide coupable que de certains chefs d'accusation, le Procureur peut retirer les autres chefs et demander à la Chambre de première instance l'autorisation de modifier l'acte d'accusation en conséquence. Un plaidoyer de culpabilité permet de faire l'économie d'un procès et donne directement lieu à une audience consacrée à la peine, et à un jugement portant condamnation. Dans le cadre de l'accord sur le plaidoyer, les deux parties peuvent proposer une peine déterminée. Toutefois, la Chambre de première instance n'est pas tenue par l'accord sur le plaidoyer et décide seule de la peine en usant de son pouvoir discrétionnaire.

De telles déclarations, faites sans débat contradictoire, peuvent, par conséquent, aboutir à des condamnations de personnes qui n'auront pas eu l'opportunité de contester les éléments à charge portés contre elles. D'où la nécessité de prévoir des garde-fous, destinés à préserver l'essence du principe du contradictoire, sans lequel il ne saurait y avoir de procès équitable.

C'est précisément dans le souci de garantir le respect de ce principe du procès équitable que l'article 168 du RPP a prévu que « *Aucune condamnation ne peut être prononcée sur le seul fondement de déclarations émanant de personnes ayant conclu une convention de collaboration* ».

**B. Force probante des déclarations faites sous anonymat**

Dans le cadre du programme de protection des victimes et témoins, les chambres ou les cabinets d'instruction de la CPS peuvent être amenés à entendre des personnes sous anonymat.

En pareils cas, l'identité de la personne est inconnue non seulement du public, mais aussi des parties, y compris celle contre laquelle les déclarations ont été faites. Autrement dit, l'anonymat constitue une véritable mise à l'écart du principe du contradictoire qui suppose la possibilité de contester tout élément de preuve versé aux débats. Pour concilier la nécessaire protection des victimes et des témoins et le principe du contradictoire, l'article 168 du RPP dispose que « *Une déclaration de culpabilité ne peut être fondée uniquement ou de manière décisive sur les dépositions de témoins recueillies sous anonymat* ».

Ainsi, pour prendre en compte le respect dû au principe du contradictoire, les juges de la CPS ne peuvent asseoir leur décision de condamnation sur les seules déclarations faites sous anonymat, celles-ci devant, nécessairement, être confortées par d'autres éléments du dossier.

## Section II : Les normes garantissant la célérité du procès

Le temps est une composante importante, voire essentielle, de toute procédure judiciaire. Il l'est davantage dans le procès pénal qui met en jeu la liberté, l'honneur et les biens des parties.

L'importance accordée à la gestion du temps du procès explique la consécration de règles destinées à en garantir la gestion efficiente. Ces normes renvoient, d'une part, à la limitation de la durée des débats et, d'autre part, aux règles procédurales visant à favoriser la célérité du procès.

### *Paragraphe I : La limitation de la durée des débats*

Le souci de garantir la célérité du procès se manifeste par une double limitation des débats, tant devant la Chambre d'assises A) que devant la Chambre d'appel (B).

### A. La limitation de la durée des débats devant la Chambre d'assises

Le propre d'une décision de justice est de rétablir un équilibre rompu et de préserver des droits menacés. Mais si le verdict survient à un moment où les droits du justiciable sont irrémédiablement compromis, la décision de justice perd, inéluctablement, une bonne partie de sa raison d'être. Rendue avec un retard excessif, la décision de justice peut, en effet, devenir sans objet pour la victime.

Il est donc impératif que les décisions soient rendues dans des délais raisonnables[30].

Dans le RPP de la CPS, le souci de prévenir tout facteur de lenteur du procès transparaît à travers les dispositions relatives tant à l'enquête [31], à l'instruction [32] qu'au jugement.

---

[30] Il faut néanmoins, relativiser cette affirmation dans les affaires relatives à des crimes internationaux. En effet, compte tenu du caractère imprescriptible de ces derniers, la poursuite reste toujours possible, du moins aussi longtemps que la personne est apte à être jugée.

[31] Article 70 du RPP : « la durée de l'enquête dans une affaire déterminée ne peut excéder un délai raisonnable ». Si, à l'issue d'un délai de 6 mois, l'enquête n'est pas terminée, le Procureur spécial est tenu d'adresser une requête à la Chambre d'accusation spéciale pour justifier la continuation des investigations.

[32] L'article 98 du RPP limite la durée totale de la détention à 30 mois.

1. Durée initiale fixée par le cabinet : 01 an au maximum
2. Prorogation par le cabinet : 01 an au maximum2e prorogation par la chambre d'accusation spéciale : 06 mois au maximum.

Ainsi, dans la première affaire jugée devant la CPS et dénommée affaire PAOUA du nom de la localité dans laquelle les faits ont été commis, la chambre d'accusation spéciale a rendu le 22 octobre 2021, un arrêt autorisant à titre exceptionnel, la prorogation de la détention des accusés Issa Sallet, Yaouba Ousman et Mahamat TAHIR dont les

Pour ce qui est de la phase de jugement, le RPP a prévu une limitation de la durée des débats. Certes, il peut paraître malaisé de fixer par anticipation, la durée d'un procès qui est tributaires de plusieurs aléas difficilement maîtrisables comme l'indisponibilité des acteurs, le nombre des parties, la gravité et la complexité des cas à juger.

Mais c'est, précisément, pour tenir compte de ces aléas que le RPP a prévu, non pas une durée fixe, mais une durée maximale, tout en laissant la place à des possibilités de dépassement. Ainsi, aux termes de l'article 127 du RPP, « *Sauf circonstances exceptionnelles dûment motivées au regard de la gravité des faits reprochés à l'accusé, de la complexité des audiences nécessaires à la manifestation de la vérité et de l'exercice des droits de la défense, la durée des débats devant la Section d'assises ne peut excéder un délai de six (06) mois à compter de l'ouverture de ces débats* ».

De même, l'article 138 a prévu une limitation de la durée de la phase de délibéré. Cet article dispose en effet que « conformément aux dispositions de l'article 50 alinéa 3 de la Loi organique, l'affaire est mise en délibéré pour une période qui ne saurait dépasser trente (30) jours. »

Dans le même ordre d'idées, l'article 139 du RPP dispose que « Une copie de l'arrêt d'appel est remise à l'accusé et, le cas échéant, à son avocat et aux parties civiles,

---

mandats de dépôt avaient été prorogés par les juges d'instruction pour une durée d'un an.

le jour de son prononcé ou leur est notifiée dans les plus brefs délais par le Greffier en chef ».[33]

La formulation de ces dispositions traduit le souci de concilier l'exigence de célérité dans le déroulement du procès et la nécessaire prise en compte des contraintes liées au procès

L'examen de la pratique jurisprudentielle montre, en effet, que les juges de la CPS s'attachent à se conformer aux exigences de célérité. Ainsi, dans l'affaire Paoua, les débats tenus devant la Section d'assises ont démarré le 19 avril 2022 et ont été clos le 19 août 2022, soit dans le délai de six mois prescrit par l'article 127 du RPP.

À titre de comparaison, il est important de relever que, selon les informations fournies par la CPI, la durée moyenne d'une procédure est de dix ans[34].

Ces chiffres traduisent toutes proportions gardées, le niveau de performance assez remarquable atteint par la CPS.

---

[33] En pratique, cette référence à la notion de bref délai présente l'inconvénient de ne pas être suffisamment précise, ce qui ne facilite pas la tâche à la chambre d'appel chargée d'examiner les recours éventuels contre les lenteurs constatées dans la notification de certaines décisions de la chambre d'assises. Il faudra sans doute que la chambre d'appel fasse preuve d'audace pour donner du contenu à cette notion de bref délai et prévenir ainsi les dysfonctionnements ou lenteurs préjudiciables à la bonne image de la Cour.

[34] https://www.icc-cpi.int/fr.

## B. La limitation de la durée des débats devant la Chambre d'appel

Lorsque le procès tire en longueur, c'est souvent à cause du manque de diligence des acteurs, notamment du juge et des parties.

C'est précisément ce qui justifie la consécration, dans le RPP, de règles qui s'appliquent tant aux parties (1) qu'à la juridiction (2).

### *1. L'encadrement du délai de dépôt des mémoires*

Aux termes de l'article 135, B du RPP, « A moins que la Chambre d'appel n'en décide autrement, le mémoire en appel est déposé dans les trente jours du dépôt de l'appel et le mémoire des autres parties dans les trente (30) jours du dépôt du mémoire de l'appelant ».

L'expérience a montré que dans les juridictions nationales, la mise en état des dossiers prend souvent énormément de temps du fait des manœuvres dilatoires auxquelles se livrent les parties lors de la phase de dépôt des écritures.

La fixation d'un délai permet justement de prévenir toute attitude dilatoire de la part des parties.

Au regard de la formulation de l'article 135, il s'agit non seulement d'impartir un délai aux parties, mais également de prévoir la possibilité pour la chambre de modifier le délai en l'écourtant ou en le prorogeant selon les cas d'espèce.

### *2. La fixation d'un délai pour le prononcé de l'arrêt*

En principe, les juges jouissent d'une grande marge de manœuvre dans la fixation de la date du prononcé de la décision. Mais devant la CPS, il n'en est pas de même puisque l'article 138 du RPP dispose que « *Conformément aux dispositions de l'article 50 alinéa 3 de la Loi organique, l'affaire est mise en délibéré pour une période qui ne saurait dépasser trente (30) jours* ».

Cette disposition traduit comme les précédentes déjà évoquées, le souci évident de garantir la célérité dans le dénouement du procès.

Sachant que l'un des griefs les plus retenus au sujet du fonctionnement des juridictions pénales internationales, est la lenteur excessive des procédures[35], l'effectivité de l'application de ces dispositions revêt une grande importance pour la CPS.

Par ailleurs, en plus de la limitation de la durée des débats, le RPP a prévu d'autres dispositions dérogatoires au droit commun, qui visent également à garantir la célérité dans le déroulement de la procédure.

[35] Devant la CPI, l'affaire Laurent Gbagbo qui a démarré en 2008, n'a été jugée en appel qu'en 2018, soit 10 ans plus tard. Entre-temps, beaucoup de victimes avaient disparu.

### *Paragraphe II : La consécration de règles procédurales destinées à favoriser la célérité du procès*

Dans le souci de favoriser la célérité dans le déroulement du procès, le RPP a prévu plusieurs règles que sont :

– la possibilité d'exclure des éléments factuels du dossier (A) ;

– le possible recours au constat judiciaire (B) ;

– la règle de la purge des nullités par l'ordonnance de clôture (C).

#### A. La possibilité de réduire la base factuelle du dossier

Aux termes de l'article 116 du RPP, « Aux fins de garantir la célérité de la procédure et dans l'intérêt d'une bonne administration de la justice, la Section d'assises peut, par ordonnance motivée, réduire la portée des débats en excluant certains éléments factuels figurant dans l'ordonnance ou dans l'arrêt de renvoi »[36].

---

[36] Cette règle consacrant la possibilité de réduction, par le juge de la portée des faits par le juge (exception à la saisine in rem) est aussi valable devant la Chambre préliminaire de la CPI. En effet, il est prévu au parag. 64 du RPP de la CPI que « Dans une décision confirmant des charges, la chambre préliminaire peut procéder aux adaptations nécessaires des charges pour que celles–ci correspondent à ses conclusions. Ce faisant, la chambre préliminaire ne peut étendre la portée factuelle des charges telles que présentées par le Procureur. Son intervention devrait se limiter à supprimer ou à ajuster tout fait essentiel qu'elle ne confirme pas tel que présenté par le Procureur. Cette intervention doit être faite en toute transparence et doit être clairement

En clair, cette disposition signifie que, contrairement à la règle de saisine in rem et in personam applicable devant les juridictions nationales, le périmètre de la saisine des juges de la CPS n'est pas fixé de manière irrévocable par l'ordonnance ou l'arrêt de renvoi. Ainsi, les juges peuvent, pour des considérations liées, entre autres, à la bonne administration de la justice, exclure une partie des faits du dossier, réduisant, du coup, l'étendue de leur saisine. Toutefois, le recours à ce procédé est encadré, les juges ne pouvant exercer un tel pouvoir que si deux conditions sont réunies.

Il faut en effet, d'une part, que les éléments qui restent soient représentatifs des crimes reprochés à l'accusé et d'autre part, que l'exclusion ne remette pas en cause la participation de personnes qui se sont constituées parties civiles[37].

Cette disposition a fait l'objet d'une application de la part de la chambre d'appel de la CPS.

En effet, Ousman YAOUBA et Mahamat TAHIR étaient mis en accusation notamment pour avoir commis le 21 mai 2019, à KOUNDJILI, d'une part des meurtres et autres actes inhumains constitutifs de crimes contre l'humanité et, d'autre part, des meurtres, autres atteintes

identifiable dans la décision de confirmation, par exemple au moyen de l'exposé au début de la décision, des charges telles que formulées par le Procureur et, dans le dispositif, des charges telles que confirmées ». Cette disposition a été mise en pratique dans le dossier 002 des CETC qui a donné lieu à un procès important dans le vollet 002/1 ainsi que dans le volet 002/2.

[37] Article 116 du RPP.

à la dignité de la personne, notamment les traitements humiliants et dégradants constitutifs de crimes de guerre. En rendant son jugement le 31 octobre 2022, la Section d'assises ne se prononçait pas sur ces chefs d'accusation. Dans leurs mémoires d'appel, les parties n'avaient pas non plus évoqué cette omission. Ayant constaté cette omission, la Chambre d'appel a invité les parties à donner leur avis sur ce point comme le lui permettent les dispositions de l'article 136 du RPP[38].

Dans son arrêt daté du 20 juillet 2023, la Chambre d'appel, a d'emblée, fait le constat de l'omission de statuer de la part de la Section d'assises sur une partie des faits. Elle a ensuite rappelé certaines considérations liées à la bonne administration de la justice, à la nécessité de rendre les décisions dans de délais raisonnables, aux contraintes liées à l'absence d'une deuxième Section d'assises à laquelle le dossier pourrait être éventuellement renvoyé et surtout au fait que la partie du dossier dont elle était saisie et sur laquelle la Section d'assises avait effectivement statué, était « représentative de la portée de l'ensemble de la décision de renvoi ».

Tirant les conséquences de tout cela, la Chambre d'appel a estimé que concernant les faits sur lesquels il y avait eu omission de statuer, la meilleure décision à prendre était non pas de procéder par évocation, mais de

[38] C'est la déduction a contrario, que l'on peut tirer de l'article 136, B qui dispose que « À moins que la Chambre d'appel n'en décide autrement, les parties ne sont pas autorisées à évoquer à l'audience d'autres points que ceux figurant dans leurs mémoires ».

les exclure des débats en application de l'article 116 (B) du RPP[39].

### B. La possibilité de recourir au constat judiciaire

Aux termes de l'article 167 du RPP, « *La Cour peut, pour les besoins d'un procès rapide et équitable, décider de dresser le constat judiciaire des faits déjà examinés dans le cadre d'autres procédures engagées devant la Cour ou devant la CPI et concernant l'affaire en cours...* ».

Ces dispositions se justifient par le souci de garantir la célérité dans le déroulement du procès pénal. Elles sont particulièrement importantes pour les victimes qui paient souvent le plus lourd tribut de la lenteur des procédures judiciaires.

Bien entendu, le recours à ce procédé doit aussi tenir compte de la nécessité de respecter les droits de la défense, consacrés par le droit positif national et les instruments universels[40]. Les faits objet de la procédure ne peuvent, en effet, faire l'objet d'un constat judiciaire que si leur examen préalable par la CPS ou par la CPI a déjà consacré leur existence ainsi que leur qualification.

Lors de l'audience tenue le 31 mai 2023, la Chambre d'appel de la CPS a soumis aux parties la question de

[39] CPS, Arrêt de la Chambre d'appel, 20 juillet 2023, para. 70 et 71.
[40] Notamment, le Pacte international relatif aux droits civils et politiques – article 14 et suivants.

savoir si l'existence d'un conflit armé non international pouvait faire l'objet d'un constat judiciaire[41].

La Défense a considéré que ce n'était pas possible, au motif que de tels faits n'avaient jamais été, au préalable, examinés ni par la CPS, ni par la CPI[42].

En revanche, le Parquet spécial avait estimé que le recours au constat judiciaire était possible au motif que l'existence d'un conflit armé non international en RCA relevait de l'évidence.

Dans son arrêt rendu le 20 juillet 2023, la Chambre d'appel a implicitement rejeté la possibilité de dresser un constat judiciaire.

En effet, l'option de dresser un constat judiciaire de faits précis dispense la juridiction qui y procède de l'obligation de motiver la qualification de tels faits.

---

[41] Voir, en annexe, arrêt de la Chambre d'appel du 25 mai 2023 portant fixation du calendrier des audiences relatives aux appels interjetés contre le jugement No 003-2022 du 31 octobre 2022.

[42] ICC-CPI 2014-1118 Procureur contre Thomas Lubanga Dyilo. Même si la CPI avait eu à considérer qu'il y' avait eu conflit armé non international en 2014 : Situation en République centrafricaine II Le Procureur c. Alfred Yekatom et Patrice-Edouard Ngaïssona ICC-01/14-01/18 : Le 11 décembre 2019, la Chambre préliminaire II a rendu une décision unanime confirmant partiellement les charges de crimes de guerre et de crimes contre l'humanité portées par le Procureur à l'encontre d'Alfred Yekatom et de Patrice -Edouard Ngaïssona et les a renvoyés devant une Chambre de première instance.
La Chambre a conclu qu'il y a des motifs substantiels de croire qu'entre septembre 2013 et décembre 2014, un conflit armé ne présentant pas de caractère international était en cours sur le territoire de la République centrafricaine entre la Séléka et les Anti-Balaka, tous deux constituant des groupes armés organisés à ce moment-là.

En l'espèce, en prenant le soin d'analyser les faits en profondeur avant d'aboutir à la conclusion que « dans le présent cas, l'existence d'un conflit armé est établie »,[43] la Chambre d'appel a implicitement écarté l'option du constat judiciaire.

La consécration, par le RPP, de ces deux règles relatives, d'une part, à la possibilité d'exclure des débats, une partie des faits et, d'autre part, à celle de dresser un constat judiciaire de certains faits constitue, pour ainsi dire, une des manifestations du caractère « spécial » et hybride de la CPS par rapport aux juridictions nationales.

### C. La purge des nullités par l'ordonnance de clôture

Les habitués des prétoires sont familiers des joutes oratoires auxquelles donnent lieu les questions de nullité devant les juridictions de jugement. Le débat sur les exceptions de nullité consomme, en effet, une bonne partie du temps du procès. Bien qu'étant très utile, ce débat sur les nullités prend souvent la tournure de manœuvres dilatoires destinées à éviter le débat de fond, particulièrement dans les cas où une partie au procès a le sentiment que sa cause est perdue.

C'est précisément pour éviter que, par de telles manœuvres, le procès ne tire inutilement en longueur que l'article 104, G du RPP de la CPS a prévu que

[43] CPS, Arrêt de la Chambre d'appel, 20 juillet 2023, par. 269.

*« L'ordonnance de clôture purge la nullité des actes de la procédure ».*

En permettant de faire l'économie d'un long débat sur les nullités de procédure devant la Section d'assises, cette règle favorise la célérité du procès pénal.

Toutefois, ne sont concernées par la purge que les causes de nullité antérieures à l'ordonnance de clôture.

En effet, conformément à l'article 113 du RPP, les parties peuvent soulever devant la Section d'assises les nullités fondées sur des actes accomplis postérieurement à l'ordonnance de clôture.

La variété des règles édictées dans le souci de favoriser la célérité du procès témoigne d'une volonté affirmée de prévenir tout facteur de lenteur du procès.

Le délai de traitement, relativement rapide, qu'a connu la première affaire laisse penser que la pratique judiciaire est à la hauteur de l'esprit des textes qui préconisent la célérité. En effet, l'affaire, dont l'instruction a été clôturée le 03 décembre 2021, a été jugée définitivement tant pour l'action publique que pour les intérêts civils, le 23 octobre 2023, soit le tout, en moins de deux ans.

Toutefois, une hirondelle ne faisant pas le printemps, il faudra, sans doute, attendre le dénouement des prochaines affaires pour se faire une idée exacte du degré d'effectivité des mesures légales destinées à assurer l'efficacité de la CPS.

## Section III : Les normes destinées à assurer la protection des victimes et des témoins

S'il est un aspect par lequel le procès pénal international se distingue très nettement du procès de droit commun, c'est bien l'importance attachée à la protection des témoins et des victimes.

L'importance de la place de la protection des victimes et des témoins dans le procès (I) justifie précisément l'élaboration des règles relatives aux mesures susceptibles d'être prises (II, III) ainsi qu'à la mise en place d'un organe dédié à cette mission

(IV)

### *Paragraphe I. La place de la protection des victimes et des témoins dans le procès*

Comme dans toutes les juridictions pénales internationales, la protection des témoins et des victimes constitue un gage de bonne administration de la justice. En effet, certains témoins et victimes ne consentent à se présenter au tribunal que s'ils ont la garantie d'être protégés contre toute velléité de représailles. Cet aspect prend un relief particulier lorsque la juridiction doit examiner des incidents liés à des conflits en cours, ce qui est, précisément, le cas de la CPS qui est compétente pour juger aussi bien les crimes déjà commis que les crimes à venir.[44]

[44] Article 3 de la Loi organique n°15-003 du 03 juin 2015 du 03 juin 2015 portant création, organisation et fonctionnement de la CPS.

Au regard des enjeux du procès, de la notoriété des parties concernées, des capacités de nuisance des parties ou de leurs velléités de représailles, la protection des témoins et des victimes constitue bien plus qu'une simple mesure de sécurité : elle constitue le meilleur gage du déroulement du procès. Un témoin habité par un sentiment d'insécurité risque au mieux, de se montrer avare en paroles, et au pire, de refuser toute idée de coopération, au grand dam de l'impératif de manifestation de la vérité.

C'est sous ce rapport qu'il faut analyser le dispositif élaboré de protection des victimes consacré par le RPP de la CPS à travers l'indication d'une panoplie de mesures de protection et d'autre part, les principes et règles à respecter par la juridiction qui entend prendre de telles mesures.

***Paragraphe II. Les mesures de protection consacrées par le RPP***

L'article 151, alinéa D du RPP énumère les mesures d'ordre général que les organes compétents de la CPS peuvent prendre. Aux termes de cet article, la juridiction peut notamment :

- ordonner la suppression, dans les des procès-verbaux, le nom d'une victime, d'un témoin ou de toute autre personne à laquelle la déposition d'une victime ou d'un témoin fait courir un risque ainsi que toute autre partie du procès-verbal ou de la décision permettant l'identification de la personne concernée ;

- Interdire au Procureur spécial, à l'accusé et à son avocat, aux parties civiles et leurs avocats ou à toute autre personne participant à la procédure de révéler les noms supprimer à un tiers ;

- ordonner la confidentialité de l'identité d'une victime ou d'un témoin ;

- recueillir des dépositions par des moyens électroniques ou d'autres moyens spéciaux, y compris des moyens altérant l'image ou la voix, des moyens audiovisuels dont la vidéoconférence ou la télévision en circuit fermé, ou des moyens acoustiques ;

- ordonner le huis clos de la procédure ;

- prendre des mesures d'anonymat.

Parmi ces mesures, certaines peuvent être prises au cours de l'instruction. Il en est ainsi de la réinstallation[45], l'anonymisation[46] ainsi que de la suppression du nom de la personne des procès-verbaux[47].

---

[45] La réinstallation est un processus qui fait partie du Programme de Protection (PP), par lequel une personne (et si nécessaire la famille vivant sous le même toit) est déplacée et établie dans un autre lieu afin de garantir sa sécurité.
Ces mesures, bien que temporaires, ont été essentielles pour garantir la sécurité des témoins et assurer la continuité des enquêtes.

[46] L'anonymisation est une décision prise par le cabinet ou le président de la chambre d'instruction de recueillir les déclarations d'une personne en lui attribuant un numéro afin de ne pas révéler son identité.
Il est important de noter en ce qui concerne l'anonymisation qu'une déclaration de culpabilité ne peut être fondée uniquement ou de manière décisive sur les dépositions de témoins recueillies sous mesures d'anonymat en application des dispositions de l'article 168 du RPP.

[47] Cette décision peut être prise à toute étape de la procédure, soit par le cabinet, soit par la Section d'assises après consultation de l'Unité de protection des témoins et des victimes.

En ce qui concerne les mesures qui peuvent être prises pour les besoins de l'audience, il s'agit essentiellement du huis clos, de la suppression du nom de la personne des procès-verbaux et des décisions publiques ainsi que de la décision ordonnant la confidentialité à l'égard du public qui peut être prise par le cabinet d'instruction, la Section d'assises ou la chambre d'appel.

En plus de ces mesures d'ordre général, les juridictions peuvent également prendre des mesures spéciales de protection visant à faciliter la déposition d'une victime ou d'un témoin traumatisé, d'un enfant, d'une personne âgée ou d'une victime de violences sexuelles. Il en est ainsi de la décision consistant à ordonner la présence d'un conseil, d'un représentant, d'un psychologue ou d'un membre de la famille pendant la déposition de la victime ou du témoin concerné.

Pour prendre l'une de ces mesures, la juridiction doit se conformer à un certain nombre de principes énumérés par le RPP.

### *Paragraphe III. Les règles et principes à respecter lors du recours aux mesures de protection*

Le procès pénal est un exercice d'équilibre entre plusieurs exigences. C'est précisément la nécessité d'assurer cet équilibre qui justifie la mention par le RPP de la CPS, d'un certain nombre d'obligations qui encadrent le recours aux mesures de protection de témoins et des victimes.

*1. Respect des droits de la défense*

Aux termes de l'article 155 du RPP qui traite des mesures d'anonymat, « Les dispositions du paragraphe A (sur l'anonymat) ne sont pas applicables si, au regard des circonstances dans lesquelles les crimes ont été commis ou de la personnalité du témoin, la connaissance de l'identité de la personne est indispensable à l'exercice des droits de la défense ».

Le même article ajoute que l'inculpé ou l'accusé peut demander à être confronté avec un témoin entendu en application des dispositions du paragraphe A) par l'intermédiaire d'un dispositif technique permettant l'audition du témoin à distance ou à faire interroger ce témoin par son avocat par ce même moyen. La voix du témoin est alors rendue non identifiable par des procédés techniques appropriés.

*2. Exigence du consentement des personnes concernées*

Même si les mesures de protection peuvent être motivées par le souci de garantir la bonne administration de la justice et la manifestation de la vérité, il n'en demeure pas moins qu'elles restent, avant tout, des mesures de protection soumises comme telles, à l'assentiment explicite des personnes concernées. On ne protège pas un témoin ou une victime contre son gré. C'est pourquoi l'article 151 du RPP dispose que « Afin de prendre les mesures appropriées destinées à assurer la protection et la sécurité des victimes et des témoins ou de toute autre personne à laquelle la déposition d'un témoin peut faire courir un risque, les organes de la Cour consultent l'Unité de protection des victimes et des témoins et requièrent l'assistance organisation de toute autorité compétente. Avant d'ordonner de telles mesures, ils veillent, autant que possible, à recueillir les observations des personnes concernées sur les mesures de protection qui leur sont proposées et à obtenir consentement ».

### *3. Prise en compte de la situation de la victime ou du témoin*

Si la juridiction garde toute sa liberté dans le choix de l'une des mesures de protection, l'article 151 du RPP précise néanmoins la nécessité de prendre en compte la situation de la personne concernée.

Ainsi, aux termes de l'article 151 alinéa A, la mesure doit être de nature à protéger « la sécurité, le bien-être physique et psychologique, la dignité et le respect de la vie privée des victimes, des témoins et de leurs proches ». Et pour ce faire, l'organe doit au moment de choix de la mesure appropriée, tenir compte « de l'âge, du sexe et de l'état de santé des personnes concernées….. ainsi que de la nature des crimes en particulier, lorsque ceux-ci s'accompagnent de violences à caractère sexuel ou contre des enfants ».

L'importance accordée au volet protection des victimes ne se limite pas à l'édiction de normes claires relatives à la nature des mesures susceptibles d'être prises. Elle s'est aussi traduite par la mise sur pied d'un organe spécialement dédié à la mission de protection des victimes et des témoins.

### *Paragraphe IV. La création d'une Unité de soutien et de protection des victimes et des témoins (USPVT)*

Aux termes de l'article 46 du RPP, le greffe de la CPS comprend, parmi ses services spécialisés, l'Unité de soutien et de protection des victimes et des témoins (USPVT). Elle a pour mission de « *fournir aux victimes et aux témoins comparaissant devant les organes de la Cour ou déposant devant les officiers de police judiciaire mandatés par eux, les conseils ainsi que l'assistance administrative, logistique, sécuritaire, médicale, psychologique et sociale dont ils ont besoin, en portant une particulière attention aux enfants, aux personnes vulnérables et aux victimes de violences sexuelles* ».

Cette disposition traduit l'importance accordée au volet « *protection des victimes et des témoins* » au sein de la CPS. En effet, dans d'autres juridictions pénales à caractère international comme la CAE, il n'existait pas d'organe chargé spécialement de la protection des victimes et des témoins, la mise en œuvre des mesures de protection ayant été laissée à la discrétion des Chambres.

L'avantage de ce schéma de la CPS est triple :

– d'abord, il permet de mettre à la disposition des Chambres une expertise avérée en matière de protection des témoins et des victimes ;

– ensuite, il favorise le renforcement des capacités des membres du personnel dans ce domaine souvent inconnu des juridictions nationales ;

– enfin, il permet de garantir une harmonisation des pratiques et un meilleur suivi des programmes de protection.

L'ensemble de ce dispositif, constitué à la fois de normes et d'organes, n'est pas resté lettre morte, bien au contraire.

Au stade de l'instruction comme pour les besoins du déroulement de l'audience, l'USPVT s'est activée pour donner un contenu à sa mission.

Durant l'audience de l'affaire PAOUA, la Section d'assises a eu à prendre des décisions de protection de victimes en collaboration avec l'Unité de protection des victimes et des témoins.

Ainsi, dans son jugement rendu le 31 octobre 2022, conformément à l'article 151 D) d) et e) du RPP, la Section a eu recours à des moyens spéciaux afin de protéger l'identité des victimes et témoins mineurs. Ces mesures de protection ont été recommandées par l'Unité de protection des témoins et des victimes de la CPS en vertu de l'article 46 A) c) et d) du RPP [48].

Il s'agissait du cas de sept (7) victimes présumées de viol dont la comparution avait été considérée à risque par la Section d'assises qui, pour cette raison, a décidé de procéder à leurs auditions à huis clos.

Parallèlement à la tenue de l'audience à huis clos, l'Unité de protection des victimes et des témoins (UPVT) a accompagné les victimes durant toute la période de leur audition par la Section d'assises. Ainsi, les 07 victimes ont été logées dans un lieu inconnu, convoyées chaque jour discrètement et en toute sécurité, de leur lieu de logement à la salle d'audience et à la fin de l'audience, déposées tout aussi discrètement dans leurs villages respectifs.

Les règles ci-dessus exposées donnent une idée des standards auxquels les organes de la CPS doivent se conformer. Elles permettent aussi de mieux appréhender les modalités de déroulement de l'audience qui se tient devant la CPS.

[48] CPS, Jugement du 31 octobre 2022, par. 106.

# CHAPITRE II

# LE DÉROULEMENT DE L'AUDIENCE DEVANT LA CPS

L'audience se déroule en deux étapes que sont :

– la phase préparatoire (Section I) ;

– les débats proprement dits (Section II).

## Section I : La mise en état

### *Paragraphe I : La mise en état devant la Section d'assises*

La préparation des débats se fait par le biais de leur délimitation et des conférences de mise en état. Mais avant d'examiner ces deux aspects, il nous semble important de nous arrêter sur la question de la présence de l'accusé à l'audience et de la protection des victimes et des témoins.

#### A. La présence de l'accusé, faculté ou obligation ?

Le RPP a consacré la possibilité de juger l'accusé en son absence, par contumace[49].

---

[49] Articles 171 et suivants du RPP.

Mais en dehors du cas du jugement par contumace, la présence de l'accusé est-elle obligatoire ?

Autrement dit, la procédure de jugement in absentia, qui fait l'objet d'un encadrement strict devant des juridictions pénales internationales [50], est-elle possible au niveau de la Section d'assises ?

Plusieurs dispositions du RPP permettent d'éclaircir cette question.

Il en est ainsi de l'article 119 du RPP qui dispose que *« l'accusé est jugé en sa présence, à moins que la procédure par contumace n'ait été déclenchée dans les conditions fixées par les dispositions des articles 171 et 172 du Règlement* ».

L'alinéa B du même article précise que si l'accusé qui n'est pas détenu par la Cour refuse de comparaître à l'une des audiences de la Section d'assises, celle-ci peut

---

[50] Concernant la CPI, l'accusé peut être autorisé à être jugé en son absence. Au sujet de cette possibilité, l'article 134 ter du RPP de la CPI dispose que : *« Un accusé faisant l'objet d'une citation à comparaître peut demander par écrit à la Chambre de première instance de lui accorder une dispense et de l'autoriser à être uniquement représenté par un conseil pendant une ou plusieurs parties de son procès.*
*2. La Chambre de première instance ne fait droit à la demande que si elle est convaincue que :*
*a) il existe des circonstances exceptionnelles justifiant une telle absence ;*
*b) d'autres mesures, comme la modification du calendrier du procès ou un bref ajournement du procès, seraient inadéquates ;*
*c) l'accusé a explicitement renoncé à son droit d'être présent au procès ;*
*d) les droits de l'accusé seront pleinement garantis en son absence.*
*3. La Chambre de première instance statue sur la demande au cas par cas, compte dûment tenu de l'objet des audiences en question. L'absence doit être limitée au strict nécessaire et ne saurait devenir la règle* ».

ajourner ladite audience et, si nécessaire, délivrer un mandat d'amener ou d'arrêt.

Ces dispositions indiquent donc clairement que l'accusé est obligé de comparaître et qu'il ne lui appartient pas de décider de l'opportunité de sa présence devant la Section d'assises. C'est ce que la chambre d'assises de la CPS a justement rappelé dans une de ses décisions. Après avoir relevé l'absence injustifiée des accusés à l'ouverture des débats, la chambre a ordonné que la procédure par contumace leur soit appliquée[51].

L'autre aspect de la question consiste à savoir si la présence de l'accusé s'impose également à la Section d'assises. Autrement dit, la Section d'assises est-elle obligée de le faire comparaître ?

Aux termes de l'article 119, alinéa C, *« Si l'accusé, à la suite de sa comparution initiale devant la Section d'assises, et après avoir été dûment convoqué à l'audience suivante, ne comparaît pas ou est exclu de la salle d'audience en application du Règlement, la Section d'assises peut décider de continuer les débats en son absence, son avocat continuant d'assurer sa défense »*.

Au regard de ces dispositions, la présence de l'accusé est laissée à la discrétion de la Section d'assises qui peut ainsi décider de juger l'accusé absent, sous réserve de la possibilité reconnue à son conseil de prendre la parole pour assurer sa défense.

---

[51] Jugement n°4-2023 portant disjonction de la procédure dans l'affaire Ndelé 1 et déclenchement de la procédure par contumace , para.11-13.

La question de la présence de l'accusé à l'audience s'est également posée devant les chambres africaines extraordinaires. La solution adoptée par les CAE a été différente de ce que prévoient les dispositions du RPP applicables devant la CPS.

En effet, en l'absence de dispositions prévues par le Statut des CAE, c'est à la loi sénégalaise qu'il fallait se référer pour définir les modalités de comparution de l'accusé. Or, aux termes de l'article 300 du CPP du Sénégal : « *si un accusé refuse de comparaître, sommation lui est faite au nom de la loi, par un huissier commis à cet effet par le président et assisté par la force publique ; l'huissier dresse procès-verbal de la sommation et de la réponse de l'accusé* ». L'article 301 ajoute que : « *Si l'accusé n'obtempère pas à la sommation, le président peut ordonner qu'il soit amené par la force devant la cour ; il peut également, après lecture faite à l'audience du procès-verbal constatant sa résistance, ordonner que, nonobstant son absence, il soit passé outre aux débats* ».

Au regard de ces dispositions, la comparution forcée était une faculté offerte au juge.

Il se trouve que lors de l'ouverture du procès, le 20 juillet 2015, l'accusé a non seulement refusé de comparaître, mais en outre, ses conseils ne se sont pas présentés à l'audience de la Cour.

Le président de la Chambre d'assises des CAE, faisant recours aux dispositions de l'article 300 précité, a décidé d'user de la contrainte pour conduire l'accusé devant la Cour[52].

## B. La délimitation de l'objet de la saisine

### *1. Le principe de la saisine in rem et in personam*

Dans les systèmes romano-germaniques dont s'inspire celui en vigueur en RCA, les juridictions de jugement sont saisies « in rem et in personam » par l'ordonnance de renvoi rendue par le Cabinet d'instruction ou l'arrêt de renvoi rendu par la Chambre d'accusation spéciale. En principe, la décision de renvoi fixe, de manière définitive et irréversible, le cadre de saisine des juridictions de jugement, si bien qu'il n'est pas possible de modifier, dans un sens ou dans un autre, la base factuelle du dossier. Cette position a d'ailleurs été rappelée avec force par la chambre d'assises d'appel des Chambres africaines extraordinaires qui a souligné que la juridiction de jugement est saisie in rem et in personam et que par conséquent, *« elle n'est pas autorisée à juger d'autres*

[52] Certains ont estimé que pour une question d'opportunité, les CAE auraient dû se passer de la présence de l'accusé et éviter ainsi que cette image jugée dégradante d'un ancien Président de la République menotté soit passée en boucle sur certaines grandes chaînes de télévision.
Nous estimons cependant qu'il fallait aussi tenir compte de l'impact négatif que l'absence de l'accusé aurait eu sur l'image du procès. En refusant de comparaître, l'accusé et sa défense cherchaient avant tout à discréditer le procès en le privant de sa valeur symbolique que représentait la présence d'un ancien Chef d'État devant ses victimes. En prenant la décision de faire comparaître de force l'accusé Hissène Habré, la chambre d'Assises n'a pas seulement fait respecter la loi ; elle a aussi préservé la crédibilité du procès.

*faits que ceux visés par la décision de renvoi et ne peut connaître d'aucune accusation en dehors de celle visée dans son acte de saisine* »[53].

*2. Les assouplissements apportés à la règle de la saisine in rem et in personam devant la CPS*

La possibilité d'exclure certains éléments factuels du dossier[54] constitue une véritable remise en cause du principe de la saisine in rem et in personam.

Cette possibilité est consacrée par l'article 116 du RPP aux termes duquel « *aux fins de garantir la célérité de la procédure et dans l'intérêt d'une bonne administration de la justice, la Section d'assises peut réduire la portée des débats en excluant certains éléments factuels figurant dans l'ordonnance ou dans l'arrêt de renvoi…* ».

Cette disposition, dont on ne retrouve pas l'équivalent dans le droit positif de la RCA[55], permet aux juges de réduire, dans certaines conditions, le champ factuel de leur saisine.

La Chambre d'appel a fait application de cette disposition dans l'affaire dite PAOUA à propos des faits pour lesquels les accusés étaient poursuivis. Dans son arrêt, elle a en effet, relevé que « Pour avoir omis de statuer sur la culpabilité de Ousman Yaouba et Mahamat

---

[53] Voir CAE, Arrêt de la chambre d'assises d'appel du 27 avril 2017, par. 449.

[54] Article 116 du RPP.

[55] On ne retrouve pas pareille disposition dans le Droit positif sénégalais non plus.

Tahir, comme auteur ou complice, des faits commis le 21 mai 2019 à Koundjili, le jugement attaqué est entaché d'une erreur de droit puisque la Section d'assises n'a pas vidé sa saisine ».

Après avoir rappelé le sens de l'article 116 du RPP, la chambre d'appel a considéré « *qu'il est en effet possible, à ce stade de la procédure, d'écarter des débats certaines incriminations ignorées par la juridiction de jugement à condition que les faits restant à juger demeurent représentatifs des crimes reprochés aux accusés et que la participation des parties civiles ne soit pas remise en cause* ».[56]

La Chambre a finalement décidé d'exclure ces faits des débats en faisant valoir que « *Les faits dont la Chambre d'appel est saisie sont suffisamment représentatifs « de la portée de l'ensemble de la décision de renvoi » et que cette approche n'est préjudiciable à aucune des parties* ».[57]

### D. Les conférences de mise en état (CME)

Aux termes de l'article 117 du RPP, « *Avant l'ouverture des débats, la Section d'assises peut convoquer des conférences de mise en état aux fins de préparer le procès et, notamment, d'établir la liste des témoins et experts appelés à comparaître et de déterminer l'ordre de comparution* ».

[56] CPS, Chambre d'appel, arrêt du 20 Juillet 2023, par. 68.
[57] CPS, Chambre d'appel, arrêt du 20 Juillet 2023, par. 70.

Dans les juridictions ordinaires, la mise en état du dossier est une des formalités de l'audience et ne nécessite pas la tenue d'une audience distincte.

Il en est tout autrement dans les juridictions pénales internationales[58].

En effet, compte tenu du nombre, souvent très élevé, de personnes à auditionner (témoins ou experts), de la variété et de la complexité des points de droit ou de fait à examiner, la tenue de conférences de mise en état constitue un préalable utile pour la bonne tenue du procès[59].

La tenue des conférences de mise en état constitue ainsi un excellent moyen de préparer sereinement et minutieusement le procès. Dans la pratique des juridictions pénales internationales, c'est, en effet, à l'occasion de ces CME que la Cour et les parties peuvent ainsi s'entendre sur :

– le nombre et l'identité des témoins, victimes et experts à entendre ;

---

[58] A titre d'illustration, on peut citer le cas de la CPI et le « GUIDE PRATIQUE DE PROCÉDURE POUR LES CHAMBRES », Cinquième édition Adopté à la suite de la retraite des juges de 2021 qui prévoit que « Les chambres préliminaires devraient faire pleinement usage de la possibilité de tenir des conférences de mise en état avec les parties. Des décisions et des clarifications orales concernant le déroulement de la procédure peuvent être communiquées aux parties à ces conférences de façon à accroître l'efficacité et à éliminer la nécessité de préparer de fastidieuses décisions écrites. Les requêtes d'ordre procédural peuvent également être entendues et débattues lors de telles conférences, et une décision rendue à leur suite »

[59] Voir l'article 132 du statut de la CPI aux termes duquel « Aussitôt après sa constitution, la chambre de première instance tient une conférence de mise en état pour fixer la date du procès ».

– la date d'audition de chacune de ces personnes ;

– le nombre de jours approximatifs prévus pour le procès, étant entendu qu'il peut toujours y avoir des imprévus ;

- les points de droit ou de fait à aborder pour chaque jour d'audience.[60].

### *Paragraphe II : La préparation des débats devant la chambre d'appel*

#### A. Le dépôt des mémoires

##### *1. L'obligation de déposer un mémoire*

En principe, en matière criminelle, le dépôt de mémoire n'est pas obligatoire devant les juridictions nationales [61] sauf devant la Cour de cassation.

Mais, comme il est noté dans la pratique des juridictions hybrides similaires à la CPS, les articles 135 et 136 du RPP de la CPS exigent le dépôt d'un mémoire dûment motivé et posent le principe selon lequel, sauf

---

[60] Ce dernier aspect, qui suppose l'élaboration d'un calendrier d'audience précis, constitue un excellent outil de monitoring de l'audience et permet aussi aux parties de se préparer en conséquence. Mieux il est élaboré, plus les débats gagnent en clarté et en célérité. Voir en annexe, Arrêt n° 8 modifiant le calendrier des audiences relatives aux appels interjetés contre le jugement N° 003-2022 du 31 octobre 2022 rendu par la Première Section d'Assise et le calendrier qui y est annexé.

[61] Art 71 de la Loi organique n° 95.0011 du 23 décembre 1995, relative à la Cour de cassation.

dérogation accordée par la chambre d'appel, les parties ne peuvent évoquer des points autres que ceux figurant dans leurs mémoires[62].

L'étendue de la saisine de la chambre d'appel est par conséquent liée aux écritures et contestations des parties.

L'appel devant la CPS se distingue ainsi de l'appel ordinaire interjeté devant les juridictions nationales en ce qu'il concerne aussi bien des questions de fait que des questions de droit et que son effet dévolutif est, en principe[63], strictement limité aux points contestés par les parties et développés dans leurs mémoires.

### *2. La sanction du défaut de dépôt de mémoire*

La Loi Organique n°15-003 du 03 juin 2015 portant création, organisation et fonctionnement de la CPS et le RPP ne donnent pas d'indication sur les conséquences du défaut de dépôt de mémoire.

En pareil cas, il faut se référer aux dispositions nationales centrafricaines et, plus précisément, aux règles applicables devant la Cour de cassation à laquelle est alignée statutairement la Chambre d'appel de la

---

[62] La jurisprudence de la CA de la CPS est allée au-delà en considérant comme irrecevable des demandes figurant au mémoire mais n'ayant aucun lien avec l'objet de l'appel.

[63] Voir l'article 136, B qui dispose que sauf dérogation accordée par la chambre d'appel, les parties ne peuvent évoquer des points autres que ceux déjà développés dans leurs mémoires respectifs. Cette dérogation accordée est souveraine et le refus ne peut faire l'objet d'aucun recours.

CPS[64]. Or, l'article 25 de la loi 95-0011 relative à la Cour de Cassation dispose que « *la non-production du mémoire dans le délai légal imparti entraine l'irrecevabilité du recours* ». La conséquence qu'il faut en tirer est que, devant la CPS, le dépôt du mémoire est obligatoire et que son défaut de production entraîne l'irrecevabilité de l'appel[65].

## B. La délimitation de l'objet des débats devant la Chambre d'appel

En principe, la saisine de la chambre d'appel est limitée aux points de droit et de fait contestés par les parties. Devant la chambre d'appel de la CPS, il ne s'agit donc pas de juger à nouveau l'affaire dans son intégralité, mais de statuer sur les points qui font l'objet de contestation par les parties.

Le cadre de saisine étant limité par les actes d'appel, la chambre doit veiller à ce que les parties ne fassent des observations que sur les points de droit et de fait évoqués dans leurs mémoires respectifs[66].

Toutefois, le RPP reconnaît à la chambre d'appel la prérogative d'autoriser les parties à développer des points autres que ceux abordés dans leurs mémoires[67].

---

[64] Art 4 de la Loi organique n° 2015-003 du 03 juin 2015 portant création, organisation et fonctionnement de la CPS

[65] Voir en annexe, l'arrêt de la chambre d'appel rendu dans ce sens.

[66] Voir l'article 136, B du RPP.

[67] 136, B du RPP. La chambre d'appel a fait application de cet article en soulevant d'office, la question relative à l'omission de statuer sur

La chambre d'appel peut aussi, décider de soulever d'office, des points de droit ou de faire entendre des témoins ou des experts.[68] Elle a d'ailleurs, usé de cette prérogative dans la première affaire examinée en appel[69].

## Section II : Le déroulement des débats

### *Paragraphe I : Le déroulement des débats devant la Section d'assises*

Le déroulement des débats est sous-tendu par des règles d'administration de la preuve (A). En outre, l'analyse de cette phase du procès permet de prendre l'exacte mesure des prérogatives que le RPP reconnaît à la Section d'assises (B).

#### A. Les règles d'administration de la preuve

Devant la CPS, les règles d'administration de la preuve sont dominées par le principe général de la liberté de preuve (1) qui est tempéré par l'existence de règles spécifiques relatives aux violences sexuelles (2).

---

certains faits reprochés aux accusés : CPS, arrêt Chambre d'appel, para. 51.

[68] Aux termes de l'article 136 du RPP, « D'office ou à la demande du Procureur spécial, de l'accusé ou des parties civiles, la Chambre d'appel peut également décider d'entendre des témoins et experts ».

[69] Arrêt n° 9 relatif aux appels interjetés contre le jugement no003-2022 du 31 octobre 2022 de la Première Section d'Assises, n°59.

### *1. L'application du principe de la liberté de preuve*

La consécration du principe général de la liberté de preuve ressort des dispositions de l'article 161 du RPP aux termes duquel « *La Cour applique les règles de preuve générales contenues dans le Règlement et, en particulier, le principe de la liberté de la preuve* ».

Par conséquent, comme devant les juridictions ordinaires, la preuve de l'infraction peut être administrée par des témoignages, des documents ou par des preuves scientifiques.

En principe, la liberté de preuve signifie que les parties peuvent produire tous modes de preuve, l'appréciation de leur force probante étant laissée à la discrétion des juges.

Mais en droit international, ce principe de la liberté de preuve est sujet à beaucoup de restrictions liées notamment à la nécessité de garantir le respect du caractère équitable du procès. Ces restrictions se font sous forme d'exclusion d'une catégorie de modes de preuve.

L'exclusion peut tout d'abord concerner certains modes de preuve en raison de leur nature. Il en est ainsi de l'article 164 du RPP de la CPS qui exclut :

- Les « preuves obtenues en violation de Conventions internationales ratifiées par la RCA comme les preuves obtenues par la torture » et de l'article 165 aux termes duquel les Communications entre avocats et clients ne peuvent être divulguées au procès que sous certaines conditions[70].

- Les restrictions peuvent aussi concerner des modes de preuves en raison de leur défaut de pertinence. Dans un tel cas, il appartiendra à la juridiction saisie de juger de la recevabilité de l'élément de preuve en fonction de la valeur et de la pertinence qu'il lui aura attribuées.

A titre d'exemple, on peut citer l'article 137 du RPP de la CPS qui prévoit que la Chambre d'appel peut autoriser la production d'éléments de preuves supplémentaires à condition que lesdits éléments remplissent certains critères dont ceux de « pertinence » et de « crédibilité »[71].

---

[70] Art. 165 du RPP « *Les communications échangées dans le cadre d'une relation professionnelle entre une personne et son avocat sont considérées comme couvertes par le secret professionnel et, par conséquent, ne peuvent être divulguées au procès que dans l'un des cas suivants :*
*a) le client consente à leur divulgation ;*
*b) le client en a volontairement divulgué le contenu à un tiers et que ce tiers en a fait état au procès ;*
*c) le client a eu l'intention de commettre un crime et les communications échangées ont contribué à sa perpétration* ».

[71] *Article 137 : « La Chambre d'appel peut autoriser le Procureur spécial, l'accusé ou les parties civiles à déposer des moyens de preuve supplémentaires en cours de la procédure d'appel, pour autant que les conditions ci-après soient réunies :*
*- les moyens de preuve demandés n'étaient pas disponibles lors de l'enquête, de l'instruction ou du procès ou n'auraient pas pu être raisonnablement découverts à ces étapes de la procédure ;*
*- les moyens de preuve sont pertinents et crédibles ;*
*- les moyens de preuve auraient pu influencer de manière décisive le jugement prononcé à l'issue du procès s'ils avaient été découverts au cours de l'enquête, de l'instruction ou du procès.*

*2. Les règles spécifiques applicables en matière de violences sexuelles*

Le principe de la liberté de preuve et celui de l'intime conviction du juge font l'objet d'assouplissement en matière de violences sexuelles

La récurrence de cas de violences sexuelles de plus en plus utilisées comme arme de guerre conjuguée à la rareté des poursuites et des cas de condamnations conduisent certaines victimes à déplorer un sentiment d'impunité chez les auteurs de crimes.

C'est précisément pour arriver à une répression efficace de ces crimes sexuels que des dispositions spécifiques ont été prévues par certains statuts de juridictions pénales internationales et consacrées par la jurisprudence pénale internationale.

Ainsi, aux termes de l'article 170 du RPP, « *En cas de crimes de violences sexuelles, la Cour respecte les principes suivants :*

*a) le consentement de la victime ne peut en aucun cas être inféré des paroles ou de la conduite de cette dernière lorsque sa faculté de donner librement un consentement véritable a été altérée par l'emploi de la force, de la menace, de la contrainte ou d'un environnement coercitif ;*

*b) le consentement de la victime ne peut en aucun cas être inféré des paroles ou de la conduite de celle-ci*

---

*B) Avant d'autoriser une partie à déposer des moyens de preuve supplémentaires, la Chambre d'appel permet aux autres parties de faire valoir leurs observations ».*

*lorsqu'elle est incapable de donner un consentement véritable ;*

*c) le consentement de la victime ne peut en aucun cas être inféré de son silence ou de son manque de résistance ;*

*d) la crédibilité, l'honorabilité ou la disponibilité sexuelle d'une victime ne peut en aucun cas être inférée de son comportement sexuel antérieur ou postérieur à la commission des violences sexuelles à son encontre.*

*B. La Cour n'admet aucune preuve relative au comportement sexuel antérieur ou postérieur d'une victime ou d'un témoin* ».

A travers ces dispositions, le RPP de la CPS s'est inscrit dans le sillage de la jurisprudence pénale internationale qui, dans l'appréciation de la preuve de l'absence de consentement, s'attache à tenir compte des circonstances particulières dans lesquelles les crimes sexuels sont généralement commis.

A titre d'illustration, on peut citer la décision du TPIY qui, dans l'affaire Kunarac, a considéré que la détention de la victime constituait une circonstance de coercition exclusive de toute idée de consentement et que, par conséquent, les actes sexuels, accomplis dans ces circonstances, s'analysaient nécessairement en crimes de viols[72].

[72] TPIY, Chambre d'appel, arrêt du 12 juin 2002, para. 132.

## B. Prérogatives de la Section d'assises dans le déroulement des débats

Durant cette phase de procédure, la Section d'assises joue un rôle plus qu'important, comme en témoignent les quatre prérogatives ci-dessous déclinées.

### *1. Direction des débats*

Il revient à la Section d'assises de diriger les débats, de recueillir les moyens des parties en s'assurant du respect des principes d'équité, de célérité et du contradictoire [73] . Ce dernier principe impose à la juridiction de jugement de ne fonder sa conviction que sur des preuves ayant été librement discutées à la barre. Mais cela veut-il dire que la Section d'assises doit se limiter aux éléments de preuve produits par les parties ?

C'est ce que semble dire la Section d'assises dans l'examen de l'affaire Paoua lorsqu'elle affirme que *« La Section note en outre que la preuve en matière pénale est libre et qu'elle fonde sa décision sur les seules preuves qui ont été produites et débattues contradictoirement au cours du procès »*[74].

La Section d'assises qui, après la clôture des débats, se rend compte qu'une pièce essentielle qui figure au dossier, n'a pas été spécifiquement évoquée par les parties au cours des débats, peut-elle, malgré tout, s'y

---

[73] Article 118 du RPP.
[74] CPS, Jugement de la Section d'assises, 31 octobre 2022, par. 136.

fonder pour asseoir sa conviction et le cas échéant, condamner un accusé ? Autrement dit, le principe du contradictoire interdit-il à la Section d'assises de puiser dans le dossier, des éléments que les parties n'ont pas évoqués à l'audience ?

À notre avis, il ne faut pas perdre de vue que dans le système de droit civil, le procès n'est pas l'affaire des parties et que le juge y joue un rôle important. Par conséquent, la règle qui impose de se fonder sur des éléments de preuve librement discutés à l'audience ne signifie pas que tous les éléments de preuve doivent, nécessairement, avoir été produits par les parties. Bien que n'ayant pas été produit par une des parties, un élément de preuve contenu dans le dossier et sur lequel les juges ont interpellé les parties, doit aussi être considéré comme ayant été librement discuté à l'audience.

Par ailleurs, la question de la direction des débats concerne aussi l'établissement de l'ordre chronologique des points de droit ou de fait à aborder.

Devant les juridictions ordinaires, les parties ont la maîtrise de leur stratégie de défense et, au cours de leurs plaidoiries, il leur est loisible d'aborder les différents points de droit ou de fait selon l'ordre qui leur convient. La transposition d'une telle pratique dans un procès pénal international serait totalement contre-productive.

En effet, le nombre important des parties au procès ainsi que la complexité des questions techniques à aborder, nécessitent une organisation minutieuse du déroulement des débats, sous peine de les voir trainer en longueur ou, au pire, virer à la confusion.

Sans prétendre donner des recettes miracles, nous estimons qu'il serait judicieux de s'inspirer de la pratique en cours dans la plupart des juridictions pénales internationale consistant à organiser les débats selon des thématiques programmées. Cette démarche peut être résumée en quelques points :

1. établir un calendrier comportant le nombre approximatif de jours prévus pour toute l'audience ;

2. prévoir, pour chaque jour, le ou les thèmes qui seront abordés ;

3. prévoir pour chaque jour, les témoins experts qui seront auditionnés ;

4. procéder d'un commun accord à un calibrage du temps de parole pour les parties.

Grâce à ses avantages liés à la concision et à la clarté des débats, cette démarche permet aux parties de bien se préparer, aux juges de mieux suivre et analyser les différents arguments exposés et au public de retenir, sans grande difficulté, la quintessence des débats.

C'est, à peu de choses près, la méthode que la Chambre d'appel a appliquée lors de l'audience qu'elle a tenue dans l'affaire Paoua[75].

---

[75] Voir en annexe, l'arrêt portant fixation d'un calendrier des audiences.

### *2. Possibilité de recourir à tous les éléments de preuve contenus dans le dossier*

Contrairement à ce qui se passe en matière civile, l'audience pénale n'est pas l'affaire des parties et dans un système romano-germanique dont s'inspire celui de la RCA, les investigations sont menées, non pas par des parties, mais par des juges d'instruction censés instruire à charge et à décharge. Au terme de l'instruction, l'ordonnance et le dossier sont transmis, par les soins du parquet, à la juridiction de jugement.

Dans un tel système, l'interprétation du principe du contradictoire devrait prendre en compte le rôle des juges d'instruction dans la collecte des moyens de preuve et l'existence du dossier d'instruction transmis à la juridiction de jugement. Par conséquent, la Section d'assises devrait pouvoir se fonder sur tout élément du dossier, y compris ceux qui n'ont pas été spécialement évoqués à l'audience mais qui figurent dans le dossier, pourvu que les parties aient eu l'opportunité de les discuter devant le juge d'instruction.

Ce point de vue nous semble d'autant plus pertinent que les éléments du dossier que la Section va prendre en compte peuvent être soit favorables, soit défavorables aux accusés.

C'est cette position qui a été soutenue par la Chambre d'assises dans l'affaire Hissène Habré. Ainsi, à propos de la portée du principe du contradictoire, elle soulignait que la Chambre d'assises est saisie, avec l'ordonnance de renvoi, de l'intégralité du dossier d'instruction, y compris les pièces à conviction[76].

Elle a ainsi souligné que dans son raisonnement, elle s'est fondée, non seulement sur les dépositions des témoins et des victimes ainsi que les documents expressément discutés lors des débats, mais également sur les autres éléments du dossier d'instruction, en prenant le soin de les évaluer au cas par cas[77].

Dans le même ordre d'idées, parlant du principe du contradictoire, la CEDH a souligné qu'il ne serait pas juste d'examiner l'équité d'une procédure en appliquant cette règle de manière rigide ou en ignorant totalement les spécificités de l'ordre juridique concerné et, notamment, de ses règles d'administration des preuves[78].

### *3. Possibilité de recourir à des moyens de preuve nouveaux*

Aux termes de l'article 118 du RPP « *Le Président de la Section d'assises est investi d'un pouvoir discrétionnaire en vertu duquel il peut, en son honneur et en sa conscience, prendre toutes mesures qu'il croit utiles pour découvrir la vérité. Il peut, au cours des débats, appeler au besoin par mandat d'amener et entendre toutes personnes ou se faire apporter toutes nouvelles pièces*

[76] CAE, jugement du 30 mai 2016, parag. 220.
[77] CAE, jugement du 30 mai 2016, parag. 220 à 225. Voir aussi : Alain Blanc, la preuve aux assises : entre formalisme et oralité, la formation de l'intime conviction, Dalloz -Actualité Juridique pénale, 2005.
[78] Arrêt khawaja et Tahery, par. 146.

*qui lui paraissent, d'après les développements donnés à l'audience, utiles à la manifestation de la vérité* ».

Ces dispositions sont suffisamment claires sur la possibilité reconnue au Président de la Chambre d'assises de recourir à des moyens de preuve qui n'ont pas été présentés par les parties.

### *4. Possibilité d'ordonner un supplément d'information*

La Section d'assises peut ordonner un complément d'information lorsqu'elle le juge nécessaire. C'est ce qui ressort des dispositions de l'article 114 du RPP aux termes duquel « *Lorsque l'instruction lui semble incomplète ou si des éléments nouveaux ont été révélés depuis sa clôture, la Section d'assises peut ordonner, à tout moment et jusqu'à la clôture des débats, tous les actes d'information qu'elle estime utiles à la manifestation de la vérité, y compris des mesures conservatoires* ».

Au regard de toutes ces prérogatives reconnues à la Section d'assises, on peut dire que les textes régissant le fonctionnement de la CPS ont consacré un système inquisitorial en vertu duquel les juges jouent un rôle fondamental dans l'administration de la preuve.

### *Paragraphe II : Le déroulement des débats devant la Chambre d'appel*

Tout comme devant les juridictions ordinaires, l'audience devant la Chambre d'Appel de la CPS est l'occasion pour les parties de présenter leurs moyens de preuve (B) aux juges qui disposent, pour leur part, d'un certain nombre de prérogatives(A).

#### A. Nature et prérogatives de la Chambre d'appel

##### *1. La nature hybride de la Chambre d'appel*

Selon que l'on s'intéresse aux règles de procédure applicables devant elle ou à ses pouvoirs, la Chambre d'appel apparaît tantôt comme une Chambre de cassation, tantôt comme une juridiction d'appel.

a. La Chambre d'appel, une juridiction de cassation

Le rôle d'une juridiction de cassation est fondamentalement différent de celui d'une juridiction de fond. En effet, la juridiction de cassation ne revient pas sur les faits du litige, sur lesquels elle ne possède, en principe, aucun pouvoir d'appréciation. Elle a plutôt pour rôle de veiller à la correcte application de la loi par les juges du fond. La nature du contrôle exercé par la Cour concerne davantage le droit lui-même que le litige entre les parties. En outre, le juge de cassation ne statue que sur les points qui ont fait l'objet de contestation et que les parties lui ont soumis à travers leurs mémoires.

La nature du contrôle exercé, la limitation du cadre de saisine et l'exigence du dépôt de mémoires sont ainsi, les principales caractéristiques du fonctionnement d'une juridiction de cassation dans le système romano-germanique.

A la lecture de certaines dispositions du RPP, il apparaît que la Chambre d'appel de la CPS revêt, en partie, les caractéristiques d'une Chambre de cassation.

Ainsi, aux termes de l'article 14 de la Loi organique portant création, organisation et fonctionnement de la CPS, « *la chambre d'appel spéciale est statutairement alignée sur la Chambre criminelle de la Cour de cassation de la République centrafricaine* ».

En outre, l'article 49 de la même Loi Organique dispose que « *les règles de procédure suivies devant la Chambre d'appel spéciale de la Cour pénale spéciale sont celles qui régissent la Chambre criminelle de la Cour de Cassation* ».

Dans le même ordre d'idées, l'article 29 du RPP de la CPS, en son article 29, prévoit deux cas d'ouverture de l'appel :

a) Erreur sur un point de droit qui invalide une décision ;

b) Erreur de fait qui entraîne un déni de justice.

Si ces dispositions confèrent à la chambre d'appel de la CPS les caractéristiques d'une juridiction de cassation, il en est d'autres qui, cependant, lui donnent toutes les apparences d'une juridiction de fond de second degré.

b. La Chambre d'appel, une juridiction de fond de second degré

Dans le système romano-germanique, le rôle d'une juridiction d'appel est de rejuger l'affaire une seconde fois. La cour d'appel exerce un contrôle en fait et en droit : elle examine les éléments matériels de l'affaire et vérifie qu'il n'y a pas eu d'erreurs de droit. Elle peut soit confirmer la décision rendue par les premiers juges, soit l'infirmer ou la réformer.

A la lecture de certaines dispositions du RPP, on s'aperçoit aisément qu'au regard de ses pouvoirs, la chambre d'appel de la CPS fonctionne comme une juridiction de fond de second degré.

En effet, l'article 50 de la Loi organique précitée dispose que « *la Chambre d'appel spéciale statue en fait et en droit* ».

En outre, l'article 51 précise que « *La chambre peut, selon le cas, confirmer, annuler ou réformer les décisions rendues par la chambre d'assises ou la chambre d'accusation spéciale* ». Ces pouvoirs sont exactement les mêmes que le CPP centrafricain reconnaît à la Cour d'appel dans le cadre de l'examen des appels interjetés contre les jugements rendus en matière correctionnelle ou contraventionnelle.

Cette nature hybride de la Chambre d'appel déteint sur l'étendue et la nature de ses prérogatives.

### *2- Prérogatives de la Chambre d'appel*

A l'instar de toutes les chambres de cassation, la Chambre d'appel exerce un contrôle de régularité sur le jugement dont elle peut sanctionner les erreurs (1).

Mais son office renvoie aussi à celui d'une Chambre d'appel en ce qu'elle dispose d'un pouvoir d'appréciation sur les faits du litige (2).

a- Contrôle de la régularité du jugement

Aux termes de l'article 29 du RPP, la Chambre d'appel est chargée de statuer sur les appels interjetés contre les jugements rendus par la Section d'assises dans deux cas :

– erreur sur un point de droit qui invalide une décision ;

– erreur de fait qui entraîne un déni de justice.

Le droit d'interjeter appel est donc encadré par ces dispositions auxquelles doivent se conformer les parties appelantes.

La législation nationale centrafricaine n'ayant pas consacré un tel système de recours, il faudra se référer aux « *normes et règles applicables au niveau international* », conformément aux dispositions de l'article 3, alinéa 4, de la loi organique 95-003 portant création et fonctionnement de la CPS.

C'est donc à la lumière des « *normes établies au niveau international* » que la Chambre d'appel va indiquer les standards qu'elle compte appliquer lors de l'examen des moyens soulevés par les parties.

La première exigence faite aux parties est de s'assurer que les moyens qu'elles soulèvent sont bien constitutifs d'erreurs de droit ou de fait.

Bien entendu, la qualification que les parties donnent à leurs moyens ne lie pas la Chambre d'appel qui peut rejeter d'emblée, tout moyen qu'elle considère comme n'ayant aucun rapport avec une erreur de droit.

C'est dans ce sens que le TPIY a estimé que « le *respect par la partie alléguant une erreur de droit ou de fait, des critères d'examen en appel, est primordial pour que l'appel puisse prospérer. La Chambre d'appel n'est pas, en principe tenue d'examiner les arguments d'une partie qui ne concernent pas une erreur de droit invalidant la décision ou une erreur de fait ayant entrainé un déni de justice* »[79].

Ainsi, l'appelant doit s'évertuer à démontrer que, non seulement le moyen soulevé concerne une erreur de droit, mais également que c'est une erreur qui est de nature à invalider la décision rendue en première instance.

Pour sa part, la Chambre d'appel est tenue de se prononcer sur l'effectivité de l'existence d'une erreur de droit ainsi que sur sa portée par rapport à la décision rendue. A cet égard, l'analyse de la jurisprudence pénale internationale laisse apparaître que le critère unanimement

[79] TPIY, Affaire Krnojelac, Chambre d'appel, 17 septembre 2003, par 15.

retenu pour apprécier l'erreur de droit est celui du « *raisonnement correct* »[80].

La Chambre d'assises d'appel doit précisément, s'assurer que *« la Chambre d'assises de première instance a correctement appliqué les normes juridiques applicables à partir des sources de droit pertinentes et en utilisant des règles d'interprétation de ces sources »*[81].

Une erreur de droit n'est susceptible d'invalider une décision que si elle est de nature à changer l'issue du jugement. La partie qui l'allègue doit, non seulement, dire en quoi le moyen invoqué constitue une erreur de droit, mais aussi, en quoi l'erreur invalide la décision[82].

Dans son arrêt rendu le 21 juillet 2023, la Chambre d'appel de la CPS a rappelé que *« Si un appelant allègue que le jugement attaqué est entaché d'une erreur de droit, la Chambre d'appel ne s'en remet pas à l'interprétation du droit faite par la section d'assises. Elle tire ses propres conclusions quant au droit applicable et détermine si la section d'assises a mal interprété le droit »*.[83]

b. Pouvoir d'appréciation sur les faits du litige

Dans l'exercice de ce pouvoir, la Chambre d'appel peut non seulement contrôler l'appréciation des faits

---

[80] CETC, Arrêt Duch, par 14. TPIY, Le Procureur C / Galic, Chambre d'appel, Arrêt du 3 novembre 2006, par. 6.
[81] CETC, Arrêt Duch, par. 14.
[82] TPIY, Arrêt Krnojelac, par 10. TPIY ; Arrêt Stakic, Chambre d'appel, 22 mars 2006, par. 8.
[83] CPS, arrêt du 21 juillet 2023, para.11.

effectuée par les premiers juges (1), mais également substituer ses propres conclusions factuelles à celles de la chambre d'assises (2).

### *1- Contrôle de l'appréciation des faits par les premiers juges*

Dans l'exercice de son pouvoir de contrôle sur les erreurs de fait, la Chambre d'appel applique les normes de la jurisprudence pénale internationale qui s'articulent autour du critère du « caractère raisonnable ».[84] Autrement dit, l'erreur de fait n'est susceptible d'entraîner une réformation du jugement que si, aux yeux de la Chambre d'appel, aucun juge raisonnable n'aurait abouti aux conclusions factuelles auxquelles sont parvenus les premiers juges.

C'est la position adoptée par la Chambre d'appel de la CPS dans l'affaire Paoua où elle a considéré que « Si *un appelant conteste une conclusion factuelle dans le Jugement attaqué, la Chambre d'appel se limite généralement à la question de savoir si la conclusion de la section d'assises a été raisonnable, au vu des éléments de preuve produits devant elle*"[85].

[84] TPIY, Le Procureur C / Galic, Arrêt, 30 novembre 2006, par. 9.
[85] CPS, arrêt du 21 juillet 2023, para. 13.

*2- Pouvoir d'instruction et de substitution sur les conclusions factuelles des premiers juges*

La Chambre d'appel peut aller au-delà d'un simple contrôle de l'appréciation des faits par les premiers juges, en usant de son pouvoir de procéder une instruction complémentaire que lui reconnait le RPP.

En effet, aux termes de l'article 136- C du RPP, la Chambre d'appel peut, d'office, décider d'entendre des témoins ou des experts.

La consécration d'un tel pouvoir d'instruction par le RPP de la CPS, est conforme à l'esprit et à la lettre des dispositions nationales qui organisent le jugement des affaires criminelles devant les juridictions nationales centrafricaines.

En effet, aux termes de l'article 222 du Code de procédure pénale, le Président de la Cour criminelle « *est investi d'un pouvoir discrétionnaire en vertu duquel il pourra prendre sur lui ce qu'il croira utile pour découvrir la vérité ; la loi charge son honneur et sa conscience d'employer tous les moyens pour en favoriser la manifestation* ».

Ainsi, en droit national centrafricain, le Président de la Cour criminelle dispose d'un pouvoir d'investigation en vertu duquel il peut prendre toute mesure d'instruction propre à favoriser la manifestation de la vérité. C'est cette logique, caractéristique du système inquisitorial propre à la tradition romano-germanique, qui sous-tend les dispositions de l'article 136 C du RPP.

Par ailleurs, il est important de relever que l'étendue de la saisine doit s'apprécier par rapport aux faits et à l'intégralité des pièces du dossier et que, par conséquent, la juridiction de jugement pourra s'appuyer sur n'importe quel élément pour asseoir sa conviction.

Toutefois, il est important de souligner que dans l'exercice de ce pouvoir d'instruction que le RPP lui attribue dans l'administration de la preuve, la Chambre d'appel de la CPS est tenue de veiller au respect de deux règles tout aussi importantes l'une que l'autre.

La première tient au fait que dans une juridiction hybride comme la CPS où existe un juge d'instruction, la juridiction de jugement est saisie in rem et in personam. Autrement dit, la Chambre d'assises d'appel, tout comme la chambre d'assises, reste liée, du point de vue des faits à juger, par l'ordonnance ou l'arrêt de renvoi qui fixe de manière irrévocable, l'étendue de sa saisine. Le pouvoir d'instruction que consacre l'article 136-C du RPP précité, ne peut donc s'exercer que dans la limite de cette saisine.

La seconde est relative à l'obligation impérieuse de respecter le principe du contradictoire, en vertu duquel les moyens de preuve ne peuvent fonder une décision de condamnation que si les parties ont eu, au préalable, la possibilité d'en discuter librement devant la juridiction de jugement.

Si, après avoir procédé à sa propre instruction et ou sa propre analyse des faits, elle estime que l'appréciation faite par les premiers juges est entachée d'erreur, la Chambre d'appel peut substituer ses propres conclusions à celles de la Chambre d'assises. C'est ce qu'a rappelé la Chambre d'appel du TPIY qui a jugé que *« ce n'est que dans les cas manifestes où aucune personne douée d'une capacité normale de raisonnement n'accueillerait les éléments de preuve sur lesquels s'est fondée la Chambre de première instance ou lorsque l'appréciation de ces éléments est totalement entachée d'erreur que la Chambre d'appel pourra intervenir et substituer sa conclusion à celle du juge du fond »*[86].

La Chambre d'appel de la CPS a eu à exercer ce pouvoir d'instruction et de substitution dans le cadre de l'examen de l'appel interjeté contre le jugement rendu dans l'affaire Paoua.

Ainsi, à propos de l'analyse de l'aspect relatif à l'intensité du conflit armé opposant le groupe armé les 3R aux forces armées centrafricaines, la Chambre d'appel a d'abord relevé que les conclusions factuelles de la Chambre d'assises n'avaient pas été suffisamment motivées[87]. Elle a ensuite, après analyse des pièces du dossier, estimé que « Le dossier contient d'autres éléments de preuves des affrontements entre le groupe 3R et d'autres forces ou groupes armés »[88].

---

[86] TPIY, Arrêt Krnojelac, par. 12 ; TPIY, Arrêt Tadic, 15 juillet 1999, par. 64.
[87] CPS, arrêt n°09 du 20 juillet 2023, relatif aux appels interjetés contre le jugement du 31 octobre 2022 de la Première Section d'Assises, para. 246.
[88] CPS, arrêt n°09 du 20 juillet 2023, relatif aux appels interjetés contre le jugement du 31 octobre 2022 de la Première Section d'Assises, para. 247.

De même, lors de l'examen de l'appel interjeté contre le jugement rendu sur les intérêts civils, la Chambre d'appel a souligné, à propos de la demande de forage de deux puits à laquelle la Section d'assises avait fait droit, que « *Le jugement attaqué n'expose pas en quoi le forage de ces puits constituerait une mesure de réparation adaptée aux crimes commis dans les villages* »[89].

Cette position de la Chambre d'appel est d'autant plus illustrative de son pouvoir d'instruction que le point concernant le forage des puits n'avait pas fait l'objet d'appel par les parties et que la Chambre d'appel a estimé devoir soulever la question « *Compte tenu de l'ampleur des mesures ordonnées* »[90].

### B. Présentation des moyens de preuve par les parties : le principe de la double limitation

En appel, la marge de manœuvre des parties est moins large en ce sens que les modalités de présentation des moyens de preuve font l'objet d'un encadrement strict.

#### *1. Limitation liée à l'effet dévolutif de l'appel*

Devant la Chambre d'appel, les parties ne peuvent évoquer des points de droit ou de fait autres que ceux ayant fait l'objet d'appel et de développement dans les mémoires.

[89] CPS, arrêt du 23 octobre 2023, par. 226.
[90] CPS, arrêt du 23 octobre 2023, par. 226.

Cela s'explique par le fait que l'objet du procès en appel consiste, non pas à rejuger intégralement l'affaire, mais à corriger les éventuelles erreurs commises en première instance.

Bien entendu, il peut arriver que l'évocation d'un point non contesté, présente un grand intérêt aux yeux de la Chambre d'appel qui, dans ce cas, pourra autoriser les parties à formuler des observations sur le point concerné[91].

### *2. Limitation liée aux conditions de recours aux éléments de preuve supplémentaires*

Aux termes de l'article 137 du RPP aux termes duquel « *La Chambre d'appel peut autoriser le Procureur spécial, l'accusé ou les parties civiles à déposer des moyens de preuve supplémentaires au cours de la procédure d'appel, pour autant que les conditions ci-après soient réunies :*

*– les moyens de preuve demandés n'étaient pas disponibles lors de l'enquête, de l'instruction ou du procès ou n'auraient pas pu être raisonnablement découverts à ces étapes de la procédure ;*

*– les moyens de preuve sont pertinents et crédibles ;*

*– les moyens de preuve auraient pu influencer de manière décisive le jugement prononcé à l'issue du*

[91] Voir article 136 du RPP qui dispose que *« A moins que la Chambre d'appel n'en décide autrement, les parties ne sont pas autorisées à évoquer à l'audience d'autres points que ceux figurant dans leurs mémoires »*.

*procès s'ils avaient été découverts au cours de l'enquête, de l'instruction ou du procès* ».

Le terme « peut », employé dans cet article, signifie que même dans les cas où les moyens de preuve dont disposent les parties remplissent les conditions précitées, leur présentation au procès est assujettie à l'autorisation de la Chambre d'appel. Ces dispositions démontrent, également, que le procès en appel n'est pas une reprise intégrale de l'examen de l'affaire, mais essentiellement, un moyen de corriger les erreurs commises par les premiers juges.

# CHAPITRE III

# LE DÉNOUEMENT DU PROCÈS DEVANT LA CPS

À l'instar de beaucoup d'autres juridictions pénales internationales, les textes de la CPS ont consacré la césure du jugement en deux décisions, l'une portant sur l'action publique et l'autre, sur les intérêts civils.

## Section I : Le jugement sur l'action publique

L'objet principal du jugement sur l'action publique est de statuer sur la culpabilité et, le cas échéant, sur la peine.

### *Paragraphe I : La décision sur la culpabilité*

#### A. La qualification du crime

En droit international pénal, la qualification du crime constitue une phase délicate en raison de la nécessité de déterminer l'existence d'un élément qu'on ne retrouve pas dans les infractions de droit commun : l'élément contextuel.

Ce n'est qu'après la détermination de cet élément que le juge peut passer à celle du crime sous-jacent.

### *1. La détermination de l'élément contextuel*

Le crime international renvoie à des actes sous-jacents commis dans un contexte ou un but précis. Ainsi, un acte n'est constitutif de crime de guerre ou de crime contre l'humanité que s'il entre dans le cadre d'un conflit armé ou d'une attaque généralisée ou systématique contre une population civile. Un même acte peut changer de qualification en fonction du contexte dans lequel il a été commis. Il en est ainsi de l'infraction d'homicide volontaire qui est citée dans le Statut des CAE comme pouvant être constitutif de crime contre l'humanité (art 6) ou de crime de guerre (art 7), selon qu'il a été commis en période de conflit armé ou non[92].

Dans le cadre d'une enquête portant sur des crimes de masse, le juge doit, non seulement élucider les modalités de la commission de l'acte matériel (meurtre, viol, etc.) mais, également, déterminer les circonstances et le contexte général dans lesquels l'acte a été commis. Le juge est ainsi confronté à des questions auxquelles il doit trouver des réponses précises, sous peine de ne pouvoir caractériser le crime international. Ces questions sont par exemple :

– comment situer avec précision les périodes de conflit armé ?

[92] C'est le cas aussi de la torture qui est acte sous-jacent de crimes contre l'humanité et de crime de guerre dans plusieurs statuts des juridictions pénales internationales.

– comment déterminer l'existence d'une attaque généralisée et/ou systématique contre une population civile donnée ?[93].

– comment savoir si telle catégorie de la population constitue un groupe ethnique, racial, national ou religieux ?

Pour résoudre ces équations, le juge a besoin, au-delà de sa maîtrise du droit, de capacités d'analyse de données historiques, politiques et sociologiques que sa formation de juriste ne lui a pas forcément permis d'acquérir[94].

C'est, précisément, pour pallier cette difficulté que, dans le Droit romano-germanique, dont s'inspire la législation centrafricaine, les personnes qui interviennent pour éclairer le tribunal sont soit des témoins, soit des experts. Les témoins sont des personnes qui relatent ce qu'elles ont vu ou entendu, tandis que les experts éclairent le tribunal sur des questions d'ordre technique

---

[93] À titre d'illustration, dans l'affaire Laurent Gbagbo , poursuivi pour crimes contre l'humanité, la chambre de première instance de la Cour pénale internationale a évoqué, dans l'exposé des motifs de sa décision de relaxe rendue le 15 janvier 2019, l'absence de preuve de l'existence de cet élément contextuel en soulignant que le Procureur « *n'a pas étayé l'allégation d'existence d'une politique ayant pour but d'attaquer une population civile sur la base des modes opératoires récurrents auxquels auraient répondu les violences et les autres éléments de preuve indirects cités à l'appui de cette allégation* » .

[94] Parlant de son expérience à la CPI, M. Bruno Cotte, ancien juge à la CPI de 2008 à 2014 a déclaré que : « le juge se trouve confronté *à des situations géographiques et politiques totalement inédites. Il ne les connaît pas et il lui faut rapidement les appréhender s'il veut remplir correctement la mission qui lui est confiée. Prendre en compte l'apport des sciences sociales et s'imprégner du contexte historique, géographique, politique, ethnique, religieux, sociologique, anthropologique du pays, voire de la région dans laquelle se sont produits les faits qu'il doit juger est nécessaire* »

telles que l'authenticité d'une écriture, le solde réel d'un compte courant, etc.[95].

Pour permettre de procéder à la qualification d'une entité en un groupe ethnique ou national ou pour situer avec précision la période d'un conflit armé, il faut des personnes qui soient en mesure de se prononcer sur des évènements historiques ou sur des réalités sociologiques. D'où la nécessité de recourir à des témoins de « contexte ».

Contrairement au témoin évoqué plus haut, le témoin de contexte n'est pas nécessairement un témoin oculaire des faits. Autrement, rien ne le distinguerait des témoins classiques que les juridictions nationales ont l'habitude de faire comparaître devant elles.

Le véritable témoin de contexte est celui qui connaît l'environnement global, notamment le contexte de guerre ou la politique menée par les autorités à l'encontre d'un groupe déterminé, dans lequel les faits ont été commis.

Compte tenu du caractère déterminant de l'intervention de ces témoins de contexte, les juridictions pénales internationales mettent toujours un soin particulier à procéder au choix et à la définition des modalités de leur audition.

En dehors des témoins de contexte, les juridictions pénales internationales font parfois recours aux amicus curiae[96], chargés d'éclairer le juge international sur

---

[95] Aux termes de l'article 82 du CPP centrafricain, la mission de l'expert ne peut avoir pour objet que l'examen de questions d'ordre technique.

[96] Le droit anglo-saxon a développé une pratique inconnue du droit

des questions techniques telle que la chaîne de commandement des armées.

Certes, la position exprimée par l'amicus curiae, qui n'est pas un expert au sens judiciaire du terme[97], n'est qu'un avis et ne dispense pas le tribunal de l'obligation de mener des investigations pour faire jaillir la vérité. Mais elle a, souvent, le mérite de constituer une base de réflexion et un axe de recherche extrêmement utile pour les juges chargés d'enquêter sur des crimes de masse[98].

C'est pour cette raison que nous pensons que l'intégration d'une telle institution dans les textes qui régissent la CPS contribuerait à renforcer la capacité de ces dernières à faire face à la problématique de la répression des crimes internationaux.

---

romano-germanique, mais qui semble répondre parfaitement aux préoccupations que suscite le traitement des crimes internationaux : il s'agit de l'institution dénommée « *amicus curiae* », expression latine qui signifie littéralement « ami de la Cour ».
L'*amicus curiae* est une personnalité ou un organisme non-partie à une procédure que le tribunal sollicite pour être éclairé sur des questions de fait ou de droit.

[97] En effet, ce n'est pas le même mécanisme de désignation car l'*amicus curiae* d'essence anglo saxonne, intervient dans le procès parfois sans y être invité en offrant son avis technique que la cour est libre d'accepter ou non alors que l'expert désigné par la juge prête serment et remet son rapport.

[98] Au cours de l'instruction de l'affaire au sein des CAE, les juges ont senti la nécessité de recueillir l'avis d'un sachant sur la détermination du contexte historique et politique qui a prévalu au Tchad durant la période comprise entre 1982 et 1990. En l'absence de disposition expresse consacrant l'institution de l'*amicus curiae*, la Chambre d'instruction a désigné en qualité d'expert, un historien pour l'éclairer sur le contexte historique du Tchad (voir en annexe, l'ordonnance de désignation d'expert) Quel annexe ?.

Par ailleurs, il se pose la question de savoir dans quelle mesure les juridictions de jugement, qui sont tenues de vérifier tous les éléments du crime international, y compris l'élément contextuel, sont liées par la qualification retenue par les juges d'instruction. Autrement dit, lorsque la juridiction d'instruction considère que les faits ont eu lieu dans un contexte de conflit armé international, la juridiction de jugement a-t-elle la possibilité de considérer qu'il s'agit plutôt d'un conflit armé non international ?

Certes, les juridictions de jugement sont saisies par l'ordonnance ou l'arrêt de renvoi. C'est donc cet acte de saisine qui fixe les limites de leur saisine.

Mais dans le cadre de l'interprétation de la règle de la saisine in rem et in personam, il faut distinguer ce qui relève de l'examen des faits bruts de ce qui relève de la qualification de tels faits.

Les juridictions de jugement ne sont pas liées par la qualification des faits retenue par les juges d'instruction.

Ainsi, lorsque ces derniers considèrent par exemple qu'il existe un conflit armé ou une attaque généralisée contre une population civile, ils procèdent, non pas à un constat, mais à une qualification des faits. Une telle qualification ne lie pas les juridictions de jugement qui restent libres de l'entériner ou de la modifier en fonction de leur appréciation des faits pour lesquels elles ont été saisies.

À titre d'illustration, on peut citer l'affaire Hissène Habré où les juges d'instruction avaient estimé que le conflit ayant opposé, au Sud du Tchad, les forces gouvernementales aux groupes armés appelés CODOS, constituait un conflit armé non international et qu'en conséquence, les actes commis en lien avec ce conflit étaient constitutifs de crimes de guerre.

Mais, dans son jugement rendu le 30 mai 2016, la Chambre d'assises des CAE en a décidé autrement en considérant que les hostilités ayant eu lieu dans cette partie du Tchad ne pouvaient être qualifiées de conflit armé[99].

Après la détermination du contexte, les juges procèdent à la qualification du crime sous-jacent qui a été commis par le ou les auteurs.

### *2. Détermination du crime sous-jacent*

Dans cette deuxième phase de qualification du crime international, il n'existe pas de différence majeure avec ce qui se pratique dans les procès pénaux classiques. Les crimes sous-jacents sont, en effet, les infractions de droit commun telles que le meurtre, l'extermination, le viol ou la torture[100].

---

[99] CAE, jugement du 30 mai 2016, par 1666.

[100] Il faut néanmoins préciser qu'en droit international pénal, les modes de responsabilité ne sont pas les mêmes. En dehors des catégories classiques d'auteur, de co-auteur ou de complice, le droit international pénal a consacré des modes particuliers de participation à l'infraction que sont la responsabilité du supérieur hiérarchique ou l'entreprise criminelle commune. Il s'y ajoute que la notion d'auteur n'est pas appréhendée de la même manière, quelqu'un pouvant, par exemple, être déclaré coupable de crime par omission.
Il faut aussi relever que les moyens de preuve varient en fonction de la nature des crimes de masse. Par exemple, à titre exceptionnel, un

C'est seulement après ces deux exercices intellectuels que les juges peuvent passer à la qualification générale de crime de guerre, de crime contre l'humanité ou encore de crime de génocide.

### *Paragraphe II : La décision sur la peine*

En droit international pénal, les modalités du prononcé de la peine varient en fonction des juridictions.

Certaines juridictions procèdent à une césure du jugement qui, dans ce cas, se matérialise par le prononcé de deux décisions distinctes, l'une portant sur la culpabilité et l'autre sur la peine[101].

Dans d'autres juridictions, le prononcé de la peine se fait en même temps que celui de la culpabilité. C'est précisément le cas de la CPS dont l'article 130 du RPP précise que le jugement est composé des motifs, du dispositif et s'il y a lieu, de la peine.

---

homicide peut être retenu sans production d'un certificat de décès de même qu'un viol peut être considéré comme établi sans certificat médical, pourvu que les autres éléments de preuve soient de nature à démontrer que la culpabilité est établie au-delà de tout doute raisonnable.

[101] C'est le cas de la CPI dont le Statut prévoit la possibilité, pour la chambre de jugement, de tenir, après la déclaration de culpabilité, une audience spécialement destinée à fixer le quantum de la peine. « Sauf dans les cas où l'article 65 s'applique et avant la fin du procès, la Chambre de première instance peut d'office, et à la demande du Procureur ou de l'accusé, tenir une audience supplémentaire pour prendre connaissance de toutes nouvelles conclusions et de tous nouveaux éléments de preuve pertinents pour la fixation de la peine conformément au Règlement de procédure et de preuve… La sentence est prononcée en audience publique et, lorsque cela est possible, en présence de I 'accusé ». Statut CPI, article 76.

Si en droit national comme en droit international pénal, le prononcé de la peine obéit au principe de légalité, la pratique révèle que, dans la mise en œuvre de ce principe, les juridictions pénales internationales disposent généralement d'une plus grande marge de manœuvre que les juridictions nationales.

### A. Le pouvoir d'appréciation du juge

En Droit international pénal, la sanction obéit davantage à une logique de punition-rétribution qu'à celle de resocialisation, l'objectif assigné à la peine étant avant tout, de contribuer à la répression des crimes et à l'éradication du sentiment d'impunité.

L'analyse des textes révèle qu'à l'instar de ses homologues internationaux, le juge de la CPS dispose d'une grande liberté d'appréciation dans le choix de la sanction pénale[102].

Certes, l'article 58 de la Loi organique 2015-003 prévoit que « *Les peines applicables par la Cour Pénale Spéciale sont celles prévues par le Code Pénal de la République Centrafricaine à rencontre des auteurs des crimes visés par l'article 3 de la présente Loi* ».

---

[102] L'article 77 du Statut de la CPI dispose que « *Sous réserve de l'article 110, la Cour peut prononcer contre une personne déclarée coupable d'un crime visé à l'article 5 du présent Statut l'une des peines suivantes : a) Une peine d'emprisonnement i temps de 30 ans au plus ; ou b) Une peine d'emprisonnement à perpétuité, si l'extrême gravité du crime et la situation personnelle du condamné le justifient* ».

Toutefois, ce renvoi auquel procède la loi organique ne signifie pas que ce sont les peines prévues par le Code pénal centrafricain qui s'appliquent de manière automatique devant la CPS.

En effet, d'une part la Loi organique tout comme le RPP de la CPS excluent de manière expresse, la possibilité d'appliquer la peine de mort et les travaux forcés[103].

D'autre part, le silence de la législation nationale centrafricaine sur certains crimes internationaux ouvre la voie à une liberté d'appréciation du juge de la CPS.

Ainsi, en ce qui concerne les crimes de guerre, le Code pénal centrafricain, auquel renvoie la loi organique, n'a pas prévu de crimes sous-jacents et s'est contenté de faire référence aux infractions graves des Conventions de Genève[104] et aux violations graves de l'article 3 Commun aux Conventions de Genève[105]. Pour chacune de ces catégories de crimes internationaux, la jurisprudence pénale internationale a érigé en crimes internationaux plusieurs actes dont certains ne sont pas prévus par le Code pénal centrafricain[106]. Dans le cas où des personnes

---

[103] L'article 59 de la Loi organique portant création et organisation et fonctionnement de la CPS qui fait référence au Pacte international sur les droits civils et politiques et qui précise que
La peine maximale sera celle de prison à perpétuité ».

[104] Article 154 du Code pénal centrafricain.

[105] Article 155 du Code pénal centrafricain.

[106] C'est le cas des crimes de guerre suivants :

3. destructions de biens, non justifiées par des nécessités militaires et exécutées sur une grande échelle ;
4. Privation à un prisonnier de guerre de son droit d'être jugé régulièrement et impartialement ;
5. Prise d'otage ;

seraient poursuivies devant la CPS pour l'une quelconque de ces infractions, le juge devrait pouvoir, conformément à la jurisprudence pénale internationale, user de son pouvoir d'appréciation pour choisir une peine adéquate.

En outre, même en ce qui concerne les infractions pour lesquelles, le Code pénal a prévu des peines fixes, le Code pénal centrafricain ne prévoit pas de peine d'emprisonnement supérieure à 20 ans. Or, dans les procès pénaux internationaux et compte tenu de la particulière gravité des crimes, les peines d'emprisonnement peuvent facilement atteindre 30 ans, voire plus.

La Chambre d'appel de la CPS a eu l'occasion de clarifier sa position sur cette question de la détermination de la peine. Dans son arrêt PAOUA, elle en effet souligné qu'en disposant que « *la peine prononcée sera l'emprisonnement pouvant aller jusqu'à la perpétuité », l'article 59 du RPP ouvre la possibilité de prononcer des peines d'emprisonnement supérieures à 20 ans. Elle a ainsi précisé que «* l'absence d'une règle contraignante en la matière indique donc que les juridictions de la CPS apprécient librement la détermination de la peine d'emprisonnement à temps, jusqu'à la peine maximale prévue par les textes. Contrairement à la pratique des cours

6. Condamnations et exécution sans jugement rendu au préalable par un tribunal régulièrement constitué.

et tribunaux centrafricains, il est ainsi possible pour la CPS d'infliger des peines de réclusions au-delà de 20 ans »[107].

En définitive, comme l'a relevé la Chambre d'appel, les juges disposent, dans la détermination de la peine, d'un large pouvoir d'appréciation dans la mesure où les textes ne prévoient pas une échelle de peines fixes, mais se bornent à indiquer la peine maximale qui peut être prononcée, à savoir l'emprisonnement à perpétuité[108].

### B. l'obligation de motivation du choix de la peine

L'obligation de motivation de la peine constitue l'une des particularités du procès pénal international.

Certes, en droit interne, cette obligation existe aussi. Mais d'une part, elle a un caractère exceptionnel en matière correctionnelle. D'autre part, si elle est généralement prévue en matière criminelle, elle n'est pas assortie de critères précis.

Or, dans la pratique pénale internationale, l'obligation de motiver revêt un caractère plus marqué en ce sens que la loi a institué des critères précis (1) dont le fondement traduit à bien des égards, les spécificités du procès pénal international (2) .

[107] Arrêt n°9 relatif aux appels interjetés contre le jugement n°003-2022 du 31 octobre 2022 de la Première Section d'Assises, n° 439.

[108] *Art 157 du RPP : « Conformément aux dispositions de l'article 59, alinéa 1) de la Loi organique, les peines applicables par la Cour sont celles prévues par le Code pénal. Conformément aux dispositions de l'article 59, alinéa 2) de la Loi organique, la peine prononcée sera l'emprisonnement pouvant aller jusqu'à la perpétuité ».*

### *1- L'énumération de critères de motivation de la peine*

Aux termes de l'article 157 du RPP, la Cour doit, dans l'appréciation de la peine, tenir compte des éléments suivants :

a) la gravité[109] du crime commis, et de la situation personnelle du condamné ;

b) l'existence de circonstances aggravantes ou atténuantes ;

c) la mesure dans laquelle le condamné a déjà purgé une peine pour le même acte criminel ;

d) la mesure dans laquelle le condamné a collaboré à la manifestation de la vérité et aux poursuites devant la Cour ou aux procédures devant des mécanismes non judiciaires de justice transitionnelle ;

e) la mesure dans laquelle le condamné a reconnu sa responsabilité[110] vis-à-vis des victimes et a fait preuve d'une volonté de réparer les préjudices qu'elles ont subis.

---

[109] En droit international pénal, la gravité du crime revêt une acception particulière en ce sens qu'elle renvoie non seulement aux conséquences du crime, mais également au degré de participation de l'accusé. Voir sur ce point : CPS, Chambre d'appel, arrêt du 23 octobre 2023, para. 454 ; CAE, Chambre d'assises, jugement du 30 mai 2016, para.2297.

[110] Voir L'article 65 du Statut de Rome qui dispose qu'un accusé peut endosser la responsabilité pénale des crimes qui lui sont reprochés. L'expression « aveu de culpabilité » (plutôt que « plaidoyer de culpabilité ») y est employée et il est question d'une procédure accélérée dans le cadre de laquelle la Chambre de première instance peut accepter ou rejeter l'aveu en question.

### 2- Le *fondement* de l'obligation de motivation de la *peine*

L'énonciation précise de critères de motivation se justifie par deux raisons, au moins :

La première est liée au souci de garantir une harmonisation et une prévisibilité de la décision.

Les statuts des juridictions pénales internationales ne prévoient généralement pas de peines fixes, ce qui confère au juge pénal international une plus grande marge de manœuvre dans le choix des peines. Mais compte tenu de la variété des situations qu'il est appelé à juger, cette liberté peut conduire à de grandes disparités entre les décisions de justice.

Or, si pour des raisons évidentes, elle ne doit pas être prévue à l'avance, la décision de justice doit, en revanche, être prévisible. Pour cela, elle doit, autant que faire se peut, être soustraite à la subjectivité du juge. L'existence de critères auxquels ce dernier est tenu de se fonder permet précisément, de tendre vers une objectivation de la décision de justice et de favoriser, du coup, l'harmonisation de la jurisprudence.

La seconde raison tient au souci de garantir la lisibilité des décisions de justice.

Comme le rappelle le célèbre adage anglais « *la justice ne doit pas seulement être rendue, mais elle doit aussi être perçue comme étant bien rendue* ».

Ce souci de rendre lisible et compréhensible la décision de justice rend compte des enjeux propres au procès pénal international dont la portée du verdict va au-delà des intérêts des parties au procès et interpelle de nombreux acteurs, notamment :

– La catégorie de victimes qui, bien que n'ayant pas jugé opportun de constituer conseil ou de de saisir la justice, n'en sont pas moins intéressées par le sort réservé aux accusés ;

– Les autorités politiques, conscientes de l'impact que les décisions rendues peuvent avoir sur le processus de restauration de la paix et de réconciliation nationale ;

– Les praticiens et doctrinaires du droit, soucieux d'être édifiés sur la contribution de la décision à la consolidation des principes et standards de la justice pénale internationale ;

– le grand public, dont l'opinion sur la justice en général et la lutte contre l'impunité en particulier est étroitement liée à la perception qu'il a des décisions rendues.

L'obligation de motivation de la peine, tout comme d'ailleurs l'obligation de publication des décisions prévue par les statuts des juridictions pénales internationales, procède d'une volonté de prendre en compte toutes ces attentes en rendant la compréhension de la décision à la portée de tous.

Après avoir, sur la base de ces critères, rendu son verdict sur l'action publique, la Cour doit rendre un autre jugement sur les réparations.

## Section II : Le jugement sur les réparations

Il est d'usage de traiter la partie relative au jugement sur l'action civile en commençant par examiner les critères d'admissibilité des demandes de réparation (Paragraphe II), les formes de réparation (Paragraphe III), ainsi que les modalités de leur mise en œuvre (Paragraphe IV). Mais avant d'en arriver à ce point, il nous semble important de nous arrêter sur la notion de réparations au sens du droit international pénal (Paragraphe I).

### *Paragraphe I. Sens et portée de la notion de réparation*

En droit interne, on emploie indistinctement les notions de jugement sur les intérêts civils, jugement sur les réparations ou action civile. L'action civile, centrée sur l'individu[111], est principalement destinée à réparer intégralement le préjudice subi par la victime de l'infraction.

Par contre, dans le procès pénal international, l'action civile est plutôt destinée à gommer des esprits le sentiment d'impunité et à prévenir la commission d'autres crimes.

Dans les procédures de droit commun, l'action est tournée vers les victimes directes alors que dans le procès

[111] A l'exception des cas de saisine émanant d'un groupement.

pénal international, elle est davantage tournée vers l'avenir avec une portée résolument transitionnelle.

C'est cette différence d'approche, fondamentale, que la chambre d'appel de la CPS a tenu à rappeler dans sa première décision qui, sur ce point, fait incontestablement figure d'« arrêt de principe ». Dans son arrêt relatif à l'affaire PAOUA, elle a souligné que « la demande en réparation qu'une partie civile peut poursuivre devant la CPS trouve son origine en droit international. La Chambre d'appel conçoit le droit à réparation comme un droit fondamental de la personne humaine, largement reconnu en droit international des droits de l'homme. »

Devant la CPS, le droit des réparations déroge au droit commun de l'indemnisation. Il présente ainsi certaines caractéristiques en particulier tendant à « garantir la reconnaissance universelle et efficace des droits des victimes de la criminalité et d'abus de pouvoir ». Le but des mesures des réparations se distingue largement de la simple indemnisation permise par le droit de la responsabilité civile délictuelle. En effet, « le but d'une réparation adéquate, effective et rapide est de promouvoir la justice en remédiant aux violations flagrantes du droit international des droits de l'homme ou aux violations graves du droit international humanitaire ».

Dans le même ordre d'idées, la Chambre de première instance de la Cour pénale internationale a estimé dans sa première décision rendue en matière de réparations, que « les réparations ont deux objectifs principaux : elles obligent les responsables de crimes graves à réparer le préjudice qu'ils ont causé aux victimes et elles permettent à la chambre de s'assurer que les criminels répondent de leurs actes ».[112]

De même, la chambre d'assises de la CPS a précisé avec beaucoup de clarté, le sens qu'il faut donner aux mesures de réparations collectives. Examinant le bienfondé de la demande de construction d'un monument historique, elle a souligné que « Ce projet est adapté à la nature des préjudices car il permettrait aux parties civiles et plus largement aux villageois de commémorer cet évènement du 21 mai 2021 afin que leurs souffrances ne soient pas oubliées. Un tel monument sera également le signe permanent et visible que les crimes ne resteront pas impunis et rappelle ainsi la lutte contre l'impunité menée par la République centrafricaine et ses partenaires ».[113]

Même si sur ce point, le jugement finalement été infirmé par la chambre d'appel, la motivation des premiers juges a le mérite d'apporter de la clarté à la notion de réparation.

Au regard de ces développements, il apparaît clairement que dans le procès pénal international, le droit à réparation ne se conçoit pas de la même manière qu'en droit interne.

---

[112] Décision Lubanga, §174 ; voir aussi en appel : Arrêt Lubanga, §§65-66.

[113] Jugement N° 001-2023 sur les interets civils affaire parquet special contre ISSA SALLET ADOUM ET CONSORTS, n° 171.

Cette spécificité se révèle jusque dans les conditions d'admissibilité.

***Paragraphe II : Les Conditions d'admissibilité des demandes de réparation***

L'admissibilité des demandes de réparation obéît à des conditions de fond et des conditions de forme.

**A. Les Conditions de fond**

Devant les juridictions nationales comme devant la CPS, l'admissibilité des demandes de réparation suppose l'existence de trois éléments : une victime, un préjudice et un lien de causalité avec le crime international commis et pour lequel l'accusé a été condamné.

En l'absence d'un de ces éléments, la demande de réparation est irrecevable.

Ainsi, la Section d'assises de la CPS a rappelé que « *Pour prétendre à la qualité de victime et aspirer à des réparations, les parties civiles doivent présenter des preuves du préjudice par elles subi et du lien de causalité entre celui-ci et les crimes reprochés aux accusés* »[114].

La Section considère qu'il y a un lien de causalité entre les crimes et le préjudice dès lors que « *le crime dont les auteurs ont été déclarés coupables a été la cause directe*

---

[114] CPS, jugement de la Section d'assises du 31 Octobre 2022, para. 156.

*du préjudice pour lequel des réparations sont demandées* »[115].

En plus de ces conditions de fond, les victimes doivent se conformer à une exigence procédurale qui est la constitution de partie civile.

## B. La condition de forme : la constitution de partie civile

Devant certaines juridictions pénales internationales, l'admissibilité des demandes est soumise à une condition procédurale particulière qui est la constitution de partie civile.

Ainsi, pour prétendre à cette réparation individuelle[116], une victime doit s'être régulièrement constituée partie civile. Il s'agit là d'une différence fondamentale avec le régime du droit à la réparation en vigueur à la CPI. En effet, dans cette juridiction où il n'existe pas de juges d'instruction, la victime n'a pas le statut de partie au procès et la formalité de constitution de partie civile n'y est, donc, pas exigée.

---

[115] CPS, jugement de la Section d'assises du 31 Octobre 2022, para. 157.

[116] Il n'en est pas de même pour les réparations collectives. Voir infra sur les réparations collectives.

Aux termes de l'article 74 du RPP de la CPS, « *la constitution de partie civile peut avoir lieu à tout moment avant l'ordonnance de clôture de l'information* »[117].

Si la possibilité de se constituer partie civile n'est pas sujette à discussion, l'interprétation de cet article 74 a donné lieu à des divergences de vues par rapport aux modalités de cette constitution de partie et en particulier, par rapport au moment au cours duquel elle doit se faire.

*1- A quel moment peut se faire la constitution de partie civile ?*

La victime qui entend se constituer partie civile doit-elle le faire obligatoirement au cours de l'instruction préparatoire ou lui est-il loisible de se constituer partie civile devant la juridiction de jugement ?

Une interprétation littérale des dispositions de l'article 74 précité semble indiquer que, une fois l'instruction clôturée, toute constitution de partie civile devient irrecevable.

C'est du moins, la position exprimée par la Chambre d'assises de la CPS à l'occasion du jugement rendu le 16 juin 2023.

En effet, lors de l'audience sur les intérêts civils, les avocats des parties civiles avaient soumis à l'appréciation de la Section d'assises, de nouvelles constitutions de

[117] Voir l'article 58 du CPP centrafricain qui dispose que « la constitution de partie civile peut avoir lieu à tout moment au cours de l'instruction ».

parties civiles qui venaient s'ajouter à celles déjà déposées en cours d'instruction.

Se fondant sur le Règlement de procédure et de preuves de la CPS, notamment l'article 74, la Chambre d'assises a estimé que les textes de la CPS excluent la constitution de partie civile après la clôture de l'information.

Elle a, par conséquent, déclaré irrecevables toutes les nouvelles constitutions de partie civile déposées par les conseils des victimes devant la Section d'assises[118].

Cette position de la Section d'assises, fondée sur une interprétation littérale de l'article 74 du RPP, nous inspire quatre (04) observations.

Premièrement, cet article figure à la Section 2 consacrée au déclenchement de l'instruction du Chapitre II intitulé "De la procédure d'instruction". Par conséquent, la portée de cet article doit être ramenée à ses justes proportions. L'article 74 susvisé devrait, ainsi, être interprété comme signifiant que, durant la phase d'information, la victime qui entend se constituer partie civile doit le faire avant la clôture de l'instruction. Cette phase est autonome et différente de la phase décisoire du procès pénal.

Deuxièmement, aucune autre disposition du RPP ou de la Loi organique n'interdit, expressément, la constitution de partie civile devant la Section d'assises. Bien au contraire, l'article 6 du RPP dispose que « *La Cour garantit que les victimes puissent faire valoir leurs droits*

[118] CPS, Affaire PAOUA, Section d'assises, jugement sur les intérêts civils, 16 juin 2023, paragraphe 120 à 125.

*à toutes les étapes de la procédure, conformément aux dispositions de la Loi organique et du Règlement et d'une manière qui ne soit ni préjudiciable aux droits de la défense, ni contraire aux exigences d'un procès équitable et impartial* » ;

Troisièmement, l'article 5 de la Loi organique sur la CPS renvoie, en cas de silence, aux règles prévues par le CPP centrafricain. Or, devant les juridictions nationales centrafricaines, la constitution de partie civile peut être faite, pour la première fois, devant la juridiction de jugement, conformément aux dispositions combinées des articles 164 et 221 du CPP ;

Quatrièmement, l'examen de la Loi organique et du RPP laisse clairement apparaître la volonté d'accorder aux victimes qui se présentent devant la CPS des droits plus étendus que ceux dont elles jouissent devant les juridictions nationales. Il en est ainsi du droit à la participation à la procédure prévu par l'article 76 du RPP.

À notre avis, l'interprétation des textes de la CPS devrait se faire en tenant compte de cette dynamique d'extension des droits des victimes.

Par conséquent, rejeter la possibilité de se constituer partie civile devant la Section d'assises reviendrait à ramer à contre-courant de l'esprit de la loi qui consacre une dynamique d'élargissement de leurs droits.

Par ailleurs, du point de vue pratique, on doit aussi admettre que les victimes, qui paient le plus lourd tribut de ces crimes, sont confrontées à diverses difficultés pour faire valoir leurs droits.

En effet, dans le contexte centrafricain marqué par l'insécurité qui prévaut encore dans certaines zones, les velléités de représailles contre les dénonciateurs, la tendance à la stigmatisation d'une catégorie de victimes, la décision de saisir la justice apparaît, aux yeux de beaucoup de victimes, comme une véritable gageure.

Au regard de toutes ces considérations d'ordre juridique et pratique, nous estimons que les constitutions de partie civiles faites après la clôture de l'instruction devraient être déclarées recevables.

C'est d'ailleurs la position adoptée par la Chambre d'appel de la CPS qui, en examinant l'appel, a souligné que « *Contrairement à ce qu'a considéré la Section d'assises, la constitution de partie civile à l'audience de jugement des intérêts civils est conforme au RPP et ne vient pas enfreindre les droits de la défense* »[119].

Pour couper court à toute polémique liée à ce sujet, il serait plus judicieux de prévoir dans le RPP de la CPS une disposition qui prévoit, de manière expresse, la possibilité pour les victimes de se constituer parties civiles devant la Section d'assises, soit individuellement, soit collectivement, par le biais de la représentation.

### *2- Constitution de partie civile et principe de représentation*

Aux termes de l'article 63 du RPP, « *Toute personne qui se prétend lésée par un crime relevant de la*

---

[119] Arrêt n°13 relatif à l'appel interjeté contre le jugement no001-2023 du 16 juin 2023 de la Première Section d'Assises, n°134.

*compétence de la Cour peut adresser une plainte au Procureur spécial. Toute personne ou association représentant les intérêts de la personne lésée peut également déposer une plainte au nom de celle-ci* ».

Dans le même ordre d'idées, l'article 75 du RPP prévoit que « *Lorsque plusieurs parties civiles se sont constituées, le Cabinet d'instruction peut, aux fins d'assurer l'efficacité et l'équité des procédures, ordonner aux parties civiles qu'elles se regroupent sous l'égide d'un avocat commun, au besoin avec l'assistance du service d'aide aux victimes et à la défense et du Corps spécial d'avocats* ».

Ces dispositions sur la représentation, dont on retrouve l'équivalent dans la plupart des statuts des juridictions pénales internationales ou hybrides[120], visent à concilier deux exigences : Permettre le libre exercice de leurs droits par les victimes et éviter que les juridictions ne soient submergées par une présence massive des victimes.

L'admission de la possibilité de la représentation a pour finalité de faciliter la prise en compte du maximum de victimes et de permettre à celles d'entre elles qui ne peuvent ou ne veulent pas se déplacer, de faire valoir leurs droits.

---

[120] Voir l'article 14 du statut des CAE qui dispose que « *les victimes peuvent former des groupes et décider d'être représentées par un représentant choisi en commun. Si les victimes ne sont pas en mesure de choisir un ou des représentants communs dans le délai imparti par la chambre compétente, celle-ci peut demander à l'Administrateur de désigner un ou des représentants* ».

Le procédé de la représentation permet précisément, de dispenser les victimes représentées de l'obligation de comparaître individuellement ou de faire, personnellement, une déclaration expresse de volonté de se constituer partie civile. La déclaration faite, en leur nom, par le représentant, devrait suffire à garantir le respect de leurs droits.

Ainsi, la consécration du droit à la réparation et la possibilité reconnue aux victimes de se constituer partie civile ont pour corollaire l'obligation de relever un défi : celui de la mise en œuvre efficace du procédé de la représentation.

Le service d'aide aux victimes et à la Défense, auquel renvoie l'article 75 du RPP, devrait précisément, jouer un rôle déterminant dans la mise en œuvre de ce droit de représentation. L'article 77 du RPP dispose que « En matière d'aide aux victimes, le service exerce les fonctions suivantes :

- a) prendre toutes les mesures nécessaires pour informer les victimes de leurs droits dans la procédure
- b) fournir au Procureur spécial et aux Cabinets d'instruction toute l'assistance dont ils ont besoin dans le traitement des plaintes;
- c) fournir aux parties civiles, à leurs avocats, à un juge ou à une chambre les conseils et l'assistance requis lors de la procédure ;
- d) élaborer des lignes directrices à l'intention des juges, des chambres et des parties civiles déterminant les formes de réparation les plus

appropriées pour répondre à la nature et à l'étendue des préjudices causés aux parties civiles, incluant le cas échéant, des propositions de financement au cas où les personnes condamnées par la Cour ne possèderaient pas d'avoirs suffisants pour réparer les dommages causés aux parties civiles ».

A la lecture de ces dispositions, il apparaît que le rôle du SAVD ne se réduit pas à des informations. Il doit aussi assister les victimes dans le déroulement de la procédure.

En aidant les victimes à se regrouper et trouver les moyens administratifs et logistiques nécessaires pour user intelligemment du procédé de la représentation, le SAVD donnerait un vrai contenu à la mission d'assistance évoquée dans l'alinéa c de l'article précité.

### *Paragraphe III : Les formes de réparation*

L'article 129 du RPP de la CPS précise que la réparation doit être adaptée à la nature et à l'ampleur du préjudice et que la Section d'assises *« peut ordonner notamment des indemnisations pécuniaires, des mesures de formation et d'insertion socioprofessionnelle, des mesures de soins médicaux et psychologiques ou des mesures visant à l'institution d'un fonds de développement agraire ou industriel ou à la mise en place de programmes éducatifs* ».

La lecture de ces dispositions laisse apparaître une particularité du système de réparation consacrée devant les juridictions pénales internationales : celles-ci peuvent ordonner, soit de mesures de réparation individuelle, soit des mesures de réparation collective.

### A. Les mesures de réparation individuelle

A l'instar des juridictions ordinaires, la CPS a consacré la possibilité pour les victimes d'obtenir la réparation de leurs préjudices nés du crime international pour lequel l'accusé a été déclaré coupable.

Tout comme devant les juridictions nationales, cette réparation se fait en principe, sous forme d'indemnisations pécuniaires, comme le prévoit l'article 129 du RPP.

Mais, l'énumération contenue dans l'article 129 n'étant pas exhaustive, il faut considérer qu'en plus des indemnisations pécuniaires, il existe d'autres formes de réparation qui peuvent revêtir un caractère individuel. C'est le cas, en particulier, de la restitution et de la réhabilitation.

La restitution consiste à rétablir la victime dans la situation originelle qui prévalait avant la commission du crime. Elle comprend, entre autres, la restauration de la liberté, des droits civiques, du statut social, de l'emploi et des biens ainsi que le retour au lieu de résidence.

La réhabilitation, qui peut être générale ou individuelle, consiste en une prise en charge médicale et psychologique et peut aussi intervenir sous forme d'accès à des services juridiques et sociaux.

De ces trois formes de réparation, l'indemnisation, qui est une compensation financière du dommage subi, est naturellement la plus prisée et la plus sollicitée par les victimes qui entendent solliciter une réparation individuelle.

À titre d'exemple, concernant l'affaire Paoua, les parties civiles ont sollicité, au titre des réparations individuelles, des sommes allant d'un à trois millions de francs.

Les mesures de réparation individuelle sous forme d'indemnisations posent deux difficultés majeures liées à la nature de crimes de masse que constituent les crimes internationaux.

D'une part, le nombre souvent très important de victimes rend difficile l'évaluation du préjudice qu'elles ont subi.

D'autre part, à supposer qu'il puisse être évalué, le préjudice total peut atteindre des montants astronomiques, sans commune mesure avec les moyens des condamnés à qui revient, en principe, la charge de réparer les préjudices découlant des crimes commis.

Ces difficultés justifient, en partie, l'intérêt accordé aux mesures de réparation collective.

### B. Les mesures de réparation collective

L'une des principales différences entre le système d'indemnisation en vigueur devant les juridictions nationales statuant sur des infractions de droit commun et le système de réparation appliqué devant les juridictions pénales à caractère international est l'existence, à côté des réparations individuelles, de réparations à caractère collectif.

A l'instar de la CPI[121], des CETC[122] et des CAE[123], la CPS a institué, à travers l'article 129 de son RPP, ce mode de réparation dont la consécration se justifie pour au moins, deux raisons.

La première est liée au nombre souvent très élevé des victimes qui rend illusoire toute volonté d'indemniser toutes les victimes des crimes internationaux.

La seconde raison tient au fait que les crimes internationaux entrainent, au-delà des préjudices particuliers, des dommages ressentis par toute une communauté. S'agissant, par exemple, du crime contre l'humanité, c'est la population civile, en tant que groupe, qui est la cible d'attaques de la part des auteurs du crime. Par conséquent, au-delà des préjudices subis par chaque membre pris individuellement, c'est la communauté, en tant qu'entité autonome, qui peut aussi être considérée comme une victime collective.

---

[121] Le 24 mars 2017, la Chambre de première instance II (« la Chambre ») saisie de l'affaire *Le Procureur c. Germain Katanga* a rendu une ordonnance de réparation à l'encontre de l'accusé, par laquelle elle a accordé 1 million de dollars aux 297 victimes des crimes dont il avait été reconnu coupable. La Chambre a accordé des réparations à titre individuel sous la forme d'une indemnisation symbolique de 250 dollars par victime (soit 74 250 dollars au total), ainsi que les quatre formes suivantes de réparations collectives (pour un montant total de 925 750 dollars) : aide au logement, appui à l'enseignement, activités génératrices de revenus et réhabilitation psychologique.

[122] Règle 23 du Règlement intérieur des CETC

[123] Articles 27 et 28 du statut des CAE qui précisent que les réparations peuvent être accordées aux victimes « individuellement ou collectivement ».

La notion de mesure de réparation collective n'est pas définie par l'article 129 du RPP de la CPS, pas plus d'ailleurs que par les statuts des autres juridictions pénales à caractère international.

Néanmoins, l'analyse de la jurisprudence pénale internationale[124] sur les mesures de réparation collective permet de dégager quelques critères d'identification ainsi que les conditions d'admission des demandes de réparations de ce type de mesures.

*1. Critères d'identification d'une mesure collective*

Au regard des décisions rendues en la matière, il est possible de distinguer les mesures de réparation collective par nature (a) des mesures de réparation collective par destination (b).

a. Le mode d'appropriation : les mesures collectives par nature

La construction d'édifices mémoriaux, le forage de puits, l'élaboration de manuels constituent indéniablement, des mesures de réparation collective. A y voir de près, le dénominateur commun de toutes ces mesures est que leur

[124] On peut citer, à cet égard, l'exemple du procès en appel contre les dirigeants Khmers rouges, Nuon Chea et Khieu Samphan, à l'issue duquel onze projets de réparation symbolique ont été approuvés, parmi lesquels l'instauration d'une journée nationale officielle de commémoration, l'édification d'un monument en hommage aux victimes, des projets éducatifs, thérapeutiques et psychologiques. Chambre de première instance (Juridiction), Nuon Chea et Khieu Samphan », 7 août 2014, para. 1152-1160.

appropriation s'effectue de manière *indivisible, collective et indéterminée.*

L'appropriation est d'abord indivisible, car les victimes qui en sont bénéficiaires en profitent de manière indivisible, aucune victime ne pouvant en faire un usage individuel et exclusif. C'est, notamment, le cas lorsque la juridiction ordonne le forage d'un puits, la construction d'un édifice mémorial ou la publication d'un manuel destiné à préserver le devoir de mémoire.

Elle est aussi collective parce qu'elle vise à satisfaire non pas une victime prise individuellement, mais un groupement de personnes considérées comme une « victime collective ».

Naturellement, il peut se poser la question de la détermination de la qualité de victime collective.

On peut trouver des éléments de réponse dans la décision du 3 mars 2015 rendue par la Chambre d'appel de la CPI qui a admis la possibilité d'octroyer des réparations au profit des membres d'une communauté entendue comme « *un groupe de personnes ayant une religion, une race, une profession ou d'autres caractéristiques en commun* »[125] et ajouté que « *s'il existe un lien de causalité suffisant entre le préjudice subi par les membres de la communauté touchée et les crimes dont Thomas Lubanga a été reconnu coupable, il convient d'accorder des réparations à titre collectif à cette communauté, envisagée comme un groupe de victimes* »[126].

[125] CPI, chambre d'appel, 3 mars 2015, par. 210.
[126] CPI, chambre d'appel, 3 mars 2015, par. 212.

A notre avis, la détermination de la qualité de victime collective pourrait se faire par l'application alternative de deux critères, d'ordre objectif et subjectif.

L'application du critère objectif revient à s'intéresser au groupe ciblé et aux effets des crimes commis.

Ainsi, devrait être considérée comme victime collective tout groupement de personnes, toute communauté liée par des données objectives et permanentes comme le terroir[127], la langue,[128] ou tout autre élément similaire.

Par rapport au crime, l'application du critère objectif revient à considérer comme victime collective tout groupement de personnes ou toute communauté qui a subi, en tant qu'entité autonome, un préjudice moral ou matériel qui se distingue des préjudices subis par les particuliers.

C'est le cas, par exemple, de la destruction d'édifices religieux, d'hôpitaux et de puits d'un village qui portent atteinte, de manière indistincte, à tout le groupe. Sous ce rapport, on peut en déduire que les réparations collectives n'appartiennent pas aux victimes individuelles et que par conséquent, des individus qui n'ont subi aucun préjudice personnel peuvent légitimement bénéficier des mesures de réparations. C'est le cas par exemple d'un étranger venu s'installer dans un village après la commission d'un massacre ayant donné lieu à des mesures de réparations collectives.

Quant au critère subjectif, il renvoie au mobile des auteurs du crime et permet de considérer comme victime collective tout groupement de personnes, toute

---

127 C'est le cas des villages ou des quartiers.

128 Pour les ethnies.

communauté que l'accusé a entendu viser à travers son acte. Il peut s'agir de la population civile d'un village ou des membres d'une ethnie qui ont subi des attaques dans le cadre d'une attaque généralisée ou systématique ou d'un conflit armé.

L'appropriation doit enfin revêtir le caractère indéterminé en ce sens qu'au moment de son allocation, le nombre de bénéficiaires n'est pas fixé de manière définitive.

C'est le cas du programme d'éducation ou de la construction d'un puits dans la mesure où le nombre de personnes bénéficiaires est susceptible de varier dans le temps en fonction des aléas de la vie et du mouvement des populations.

Au stade de la mise en œuvre, il apparaît ainsi, une différence fondamentale entre les réparations individuelles qui profitent uniquement aux victimes qui se sont régulièrement constituées parties civiles et les réparations collectives qui profitent à tous les membres d'une communauté considérée comme victime collective.

En effet, la construction d'un puits[129], l'édification d'un centre de formation, l'édition d'ouvrages mémoriels ou l'édification d'un monument historique[130] sont des mesures qui, par nature, profitent à toutes les personnes qui résident dans le lieu, compte non tenu de leur

[129] Mesure de réparation décidée par la Section d'assises de la CPS dans son jugement du 16 juin 2023, par. 172.
[130] Mesure de réparation décidée par la Section d'assises de la CPS dans son jugement du16 juin 2023, par. 171.

participation à la procédure ou de leur qualité de parties civiles[131].

La possibilité de faire bénéficier des mesures de réparation à des victimes qui ne se sont pas constituées parties civiles a, d'ailleurs, été expressément envisagée par le statut des CAE dont l'article 28 dispose que *« les réparations peuvent être attribuées aux victimes individuellement ou collectivement, qu'elles aient ou non participé aux procédures devant les chambres africaines extraordinaires »*.

A côté de ces mesures de réparation collective « *par nature* », la jurisprudence de la CPS semble avoir consacré l'existence de mesures de réparation collective « par destination ».

b. Le mode d'attribution : les mesures collectives par destination

En principe, l'allocation d'indemnisations pécuniaires à des victimes constitue une réparation individuelle étant donné que la victime en fera, au bout du compte, un usage individuel et exclusif.

---

[131] À titre d'illustration d'application jurisprudentielle de ce concept de victimes collectives, on peut aussi citer l'affaire Thomas Lubanga Dylo dans laquelle, la CPI, après avoir ordonné les réparations en faveur des victimes individuelles, a également admis le principe de réparation des préjudices subis par les communautés affectées par les violations des droits de la personne et du DIH. Procès des grands criminels de guerre devant le Tribunal militaire international, Nuremberg, 14 novembre 1945, 1er octobre 1946, tome I, Jugement (ci-après T.M.I.), pp. 234-235).

Mais dans sa décision rendue le 23 octobre 2023, la Chambre d'appel de la CPS a ordonné, au titre des *« mesures collectives symboliques »*, le paiement de sommes forfaitaires au profit de familles de victimes décédées [132] tout en accordant des indemnisations pécuniaires à des victimes individuelles, au titre des mesures de réparation individuelle[133].

Il faut déduire de cette décision que l'allocation de sommes forfaitaires peut constituer une réparation individuelle ou une réparation collective selon qu'elle a été attribuée à une victime prise individuellement ou à un groupement de victimes.

Ainsi, par exemple, l'allocation de la somme d'un million de francs, répartie en dix (10) parts individuelles de 100.000 F attribuées à dix victimes, devrait être considérée comme une mesure de réparation individuelle. Paradoxalement, l'allocation du même montant, à une famille composée de dix personnes, devrait être considérée comme une mesure de réparation collective, même si dans les deux cas de figure, chaque victime est appelée à recevoir, au bout du compte, une somme identique, c'est-à-dire 100.000 F.

---

[132] CPS, arrêt Chambre d'appel, 23 octobre 2023, page 52.
[133] CPS, arrêt Chambre d'appel, 23 octobre 2023, page 51.

### *2. Conditions d'admission des mesures collectives*

L'admission des demandes de mesures de réparation collective est soumise à une condition générale (a) et à une condition spécifique (b).

#### a. Condition générale : le lien avec le préjudice

C'est une condition classique de tous les systèmes de réparation : le bien ou le service accordé à titre de réparation doit avoir un lien avec le crime dont il est censé réparer les conséquences.

Mais si cette condition ne pose aucun problème pour les réparations pécuniaires individuelles, il n'en est pas de même pour les mesures de réparation collective, la détermination du lien avec le crime ne relevant pas, dans tous les cas, de l'évidence.

S'agit-il d'un lien direct, auquel cas seules les mesures ayant pour objet la réparation des conséquences des crimes pourraient être ordonnées ?

Peut-on, au contraire, se satisfaire d'un lien indirect, auquel cas pourraient être admises, non seulement les mesures ayant pour objet de réparer les conséquences des crimes, mais également celles destinées à en prévenir la commission ?

En l'absence de définition précise de la notion de réparation collective, les juridictions peuvent aboutir à des conclusions différentes selon la conception restrictive ou extensive qu'elles auront adoptée.

L'examen de l'affaire Paoua constitue une parfaite illustration de ces risques de disparités.

En effet, dans son jugement rendu sur les intérêts civils, la Chambre d'assises de la CPS a fait droit à la demande de construction de puits dans les deux villages affectés au motif que « *La construction de deux puits pour chacun des deux villages est de nature à permettre aux victimes et rescapés, qui souffrent encore des traumatismes à la suite des crimes, d'accéder à l'eau potable* »[134].

En appel, cette décision a été infirmée par la Chambre d'appel de la CPS qui a estimé que « *Le lien entre les homicides et le forage des puits n'est pas non plus établi* » et qu'au surplus, « *le jugement attaqué n'expose pas en quoi le forage de ces puits constituerait une mesure de réparation adaptée aux crimes commis dans les villages* »[135].

Il faut espérer qu'à l'occasion de l'examen des prochaines affaires, les Chambres de jugement donneront une définition suffisamment claire et précise de la notion de mesure de réparation collective, ce qui contribuerait à favoriser l'harmonisation de la jurisprudence et à garantir la prévisibilité des décisions de justice rendues en matière de réparation des préjudices découlant des crimes internationaux.

Ces divergences font apparaître l'étendue du travail de conceptualisation qui reste à faire dans le domaine du droit à la réparation des crimes internationaux.

---

[134] CPS, jugement, 16 juin 2023, para. 172.
[135] CPS, arrêt Chambre d'appel, 23 octobre 2023, para. 226.

Autant, pour ce qui est, par exemple, de la définition des crimes de guerre, la notion de lien entre le confit armé et le crime a été bien définie[136], autant, en ce qui concerne les réparations, la notion de lien entre les mesures et le crime gagnerait à être davantage précisée.

En tout état de cause, nous estimons que, pour des considérations tant juridiques que pratiques, la jurisprudence devrait interpréter très largement, la notion de « *mesure de réparation collective* ».

D'abord parce que, sur le plan juridique, la possibilité de se contenter d'un lien, même indirect, avec le crime peut être déduite de la lecture de l'article 129 du RPP de la CPS. En effet, cet article cite, parmi les mesures susceptibles d'être ordonnées par la juridiction, les « *mesures de formation et de réinsertion professionnelle* ». Or, il paraît évident qu'une telle mesure n'a pas pour objet de réparer les dommages directement causés par la commission d'un crime de guerre ou d'un crime contre l'humanité. Elle ne peut donc avoir qu'un lien indirect avec le crime international commis.

Ensuite parce que, d'un point de vue pratique, la logique qui sous-tend l'admission de la possibilité de se constituer partie civile doit être poussée jusqu'au bout. Il faut en effet éviter que des victimes dont la demande de constitution de partie civile a été déclarée recevable, se retrouvent à l'issue du procès, dépourvues de toute forme

---

[136] TPIY, Kunarac, 12 juin 2002 : l'acte est lié au conflit s'il est établi que le conflit a « joué un rôle dans la prise de décision, dans la capacité de commettre l'acte ou dans la manière dont l'acte a été accompli »,

de réparation. Or, compte tenu de l'absence de fonds d'indemnisation, conjuguée à l'indigence des accusés, et surtout du nombre élevé de victimes, c'est ce qui risque d'arriver. Par conséquent, les mesures de réparation collection apparaissent comme une solution alternative qui pourrait soulager les victimes.

Adopter une conception trop restrictive de la notion de mesure de réparation collective reviendrait à réduire les chances pour les victimes d'obtenir réparation.

b. Condition spécifique : probabilité de réalisation

Cette condition constitue une autre particularité du système de réparation en droit international pénal.

En effet, devant les juridictions nationales statuant sur des affaires de droit commun, le juge qui admet l'existence d'un préjudice découlant directement de l'infraction, fixe le montant de la réparation en tenant compte de l'étendue du préjudice. Il n'a pas à se soucier de la possibilité d'exécution de la condamnation au paiement, cet aspect de la procédure n'étant pas de son ressort.

Or, le système de réparation en vigueur devant les juridictions pénales internationales procède d'une tout autre logique.

En effet, compte tenu du nombre de victimes et de l'importance accordée à la perception qu'elles peuvent avoir de la justice pénale internationale, la liberté relative reconnue au juge dans la détermination du mode de réparation a pour corollaire l'obligation de vigilance et de prudence afin d'éviter de prendre des mesures qui n'ont aucune chance d'être réalisées.

La Chambre d'appel de la CPS a ainsi rappelé que dans le cadre de son office, le juge doit éviter d'ordonner une mesure « *qui, selon toute probabilité, ne pourra jamais être mise en œuvre, c'est-à-dire qui est de fait fictive, et irait à l'encontre de l'objectif voulant que la réparation soit effective et serait source de confusion et de frustration pour les victimes* ».[137]

Elle a aussi souligné que « *Une Section d'assises ne peut pas ordonner des mesures de réparation dont la réalisation n'est pas assurée ou au moins probable. Pour cette raison, en identifiant les mesures de réparation, la section d'assises est tenue de prendre en compte la situation financière du condamné et l'éventuelle disposition de tierces personnes à fournir ou à financer des mesures de réparations* »[138].

Cette démarche novatrice que la Chambre d'appel de la CPS a consacrée est dictée par le souci de garantir une justice effective. Elle est aussi conforme aux principes généraux qui gouvernent le procès pénal international[139].

Ainsi, dans l'affaire Hissène HABRE, La Chambre d'assises avait rejeté la demande d'affectation d'une partie

---

[137] CPS, arrêt Chambre d'appel, 23 octobre 2023, para. 99.
[138] CPS, arrêt Chambre d'appel, 23 octobre 2023, para. 100.

[139] De même, dans l'affaire *Lubanga*, la Chambre de première instance II (Juridiction) a différé l'approbation du plan de mise en œuvre des réparations en raison de diverses imprécisions.

des sommes allouées aux victimes à des projets de développement, à l'érection de monuments à la mémoire des victimes et à la construction de centres polyvalents de formation professionnelle, sur le motif qu'elle ne comportait « aucune donnée précise de nature à permettre à la Chambre d'en apprécier la faisabilité, notamment des données relatives au coût et à la localisation précise des monuments, le type et le coût des projets de développement.

Les juges d'appel ont approuvé cette position de leurs homologues du fond[140].

De même, dans l'affaire Lubanga, la Chambre de première instance II de la CPI a différé l'approbation du plan de mise en œuvre des réparations en raison de diverses imprécisions[141].

En effet, si le procès prend fin avec la décision du juge, les garanties d'un procès équitable continuent bien au-delà et ne s'épuisent qu'avec l'exécution de la décision. Les garanties dont a bénéficié une victime durant tout le procès perdraient en effet toute leur raison d'être si, au final, la décision rendue, censée la rétablir dans ses droits, n'était pas exécutée.

### C. Pouvoir d'appréciation du juge dans le choix du type de réparation

Devant les juridictions nationales, lorsque la victime d'une infraction qui s'est régulièrement constituée partie

---

[140] Ch. d'assises d'appel, arrêt définitif, § 861.

[141] Jeangène Vilmer J.-B., *Réparer l'irréparable. Les réparations aux victimes* devant la Cour pénale internationale, op. cit., p. 7.

civile sollicite des dommages-intérêts, le juge est obligé d'examiner la demande et, si elle est bien fondée, de lui allouer une indemnisation. Naturellement, le tribunal dispose d'un pouvoir d'appréciation sur le montant de la somme à allouer mais dès lors qu'il admet le bienfondé de la demande, il est obligé d'allouer des dommages-intérêts.

Devant les juridictions pénales à caractère international, la question se pose de savoir s'il en est de même. Autrement dit, lorsque des victimes, dont la réalité du préjudice subi du fait des crimes est établie, sollicitent des indemnisations sous forme de réparations individuelles, la juridiction est-elle obligée de leur allouer des indemnisations ?

Le juge de la CPS peut-il, au gré des circonstances et cas d'espèce, choisir entre des réparations individuelles et des mesures de réparation collective ?

Plusieurs éléments peuvent permettre de répondre à ces questions.

D'abord, l'article 129 du RPP qui dispose que « *La Section d'assises s'assure de prendre des mesures de réparation qui soient adaptées à la nature et à l'ampleur des préjudices subis par les parties civiles. Elle peut ordonner notamment des indemnisations pécuniaires, des mesures de formation et d'insertion socioprofessionnelle, des mesures de soins médicaux et psychologiques ou des mesures visant à l'institution d'un fonds de développement agraire ou industriel ou à la mise en place de programmes éducatifs* ».

Le terme « peut », employé dans cet article, indique que la Section d'assises n'est pas obligée d'ordonner telle ou telle forme de mesure, la seule obligation qui lui est faite étant de s'assurer que les mesures prises soient « *adaptées à la nature et à l'ampleur des préjudices* ».

Ensuite, il peut arriver que le nombre de victimes soit d'une importance telle que des indemnisations pécuniaires, même modiques, soient irréalisables. Dans un tel cas de figure, l'allocation d'indemnisations qui ne seront jamais perçues peut déteindre sur l'image et la crédibilité de la juridiction.

Enfin, par rapport aux indemnisations pécuniaires, les mesures collectives présentent des avantages indéniables que sont notamment :

– leur pérennité dans le temps ;

– leur aptitude à perpétuer et à entretenir le devoir de mémoire à travers l'hommage qu'elles représentent pour les victimes de crimes ;

– leur caractère utilitaire, comme c'est le cas des puits, des programmes de formation ou de suivi psychologique, donnant à chacun des membres de la communauté affectée le sentiment d'avoir été reconnu et réhabilité dans ses droits.

Pour toutes ces raisons, nous estimons que, même lorsque des victimes sollicitent des indemnisations à titre individuel, la Cour peut, en tenant compte de la nature et de l'ampleur des préjudices, se contenter d'ordonner des réparations collectives. C'est la position adoptée par la

Chambre d'appel de la CPI dans l'affaire Lubanga où elle a rappelé qu'en vertu de la Règle 98-3 du Règlement de procédure et de preuve, une Chambre de première instance peut ordonner uniquement des réparations à titre collectif lorsqu'en raison du nombre des victimes et de l'ampleur, des formes et des modalités de la réparation, elle estime qu'une réparation à titre collectif est plus appropriée[142].

Au regard de ce qui précède, on voit que l'action en réparation initiée devant la CPS n'obéit pas aux mêmes principes que l'action en réparation intentée devant les juridictions nationales. La conséquence qu'il faut en tirer est que lorsque devant la CPS, les demandes de réparation individuelle ont été rejetées au profit de mesures de réparation collective, les victimes peuvent saisir les juridictions nationales aux fins d'obtenir des indemnisations pécuniaires[143].

### *Paragraphe IV. La mise en œuvre des mesures de réparation*

#### A. Le paiement de la réparation par le condamné

Le premier débiteur de la réparation est bien entendu l'accusé qui a été reconnu coupable du crime dont découle le dommage.

[142] CPI, chambre d'appel, 3 mars 2015, par.152.
[143] CPS, arrêt Chambre d'appel, 23 octobre 2023, para. 63.

En effet, il ne faut pas perdre de vue qu'en droit international pénal, il est admis, depuis le jugement de Nuremberg, que « *Ce sont des hommes, et non des entités abstraites, qui commettent des crimes dont la répression s'impose comme sanction du Droit international* »[144]. L'obligation de réparer ne peut peser sur un autre que celui qui est a été reconnu coupable, à moins qu'il n'y ait un civilement responsable. Or, dans la plupart des cas, les individus jugés coupables de crimes internationaux ne disposent pas de biens pouvant servir à indemniser les victimes, encore moins à financer les mesures de réparation collective.

Dans l'affaire Paoua, la Section d'assises, tout en reconnaissant le principe de la responsabilité des accusés, ne les a pas condamnés au paiement au motif qu'ils sont indigents. Elle a plutôt invité le Service d'aide aux victimes et à la Défense (SAVD) à trouver les sources de financement pour le paiement des allocations accordées aux victimes[145].

Cette décision de la Section d'assises prend le contre-pied de la Chambre d'appel de la CPI qui, dans l'affaire Lubanga précitée, a considéré que la juridiction de première instance a commis une erreur en ne rendant pas Thomas Lubanga personnellement responsable des réparations collectives en raison de son état actuel d'indigence. La Chambre a précisé que le Fonds au profit

---

[144] Tribunal de Nuremberg, jugement, 14 novembre 1945-1er octobre 1946, édité en 1947, p. 235.
[145] CPS, jugement, 16 juin 2023, para.178 et 179.

des victimes sera chargé de l'exécution de l'ordonnance de réparation et que Thomas Lubanga pourra dans le futur être contraint de le rembourser.

Dans son arrêt rendu dans l'affaire Paoua, la Chambre d'appel s'est inscrite dans le même sillage en rappelant que conformément aux principes internationaux, « *une mesure de réparation doit être rendue, en toutes circonstances, contre la personne reconnue coupable, nonobstant son état d'indigence* »[146]. Elle a précisé que « *les mesures de réparation sont étroitement liées aux individus dont la responsabilité pénale est établie par une déclaration de culpabilité et que par conséquent,* la personne condamnée a l'obligation de réparer le préjudice causé par les crimes dont elle a été déclarée coupable »[147].

C'est en raison de cette insolvabilité des accusés que certains ont souhaité la mise en cause de la responsabilité de l'État sur le territoire duquel les crimes ont été commis.

### B. Le rôle de l'État

Compte tenu de l'impact des crimes internationaux sur la vie des communautés et de la nature de certaines mesures de réparation, la thèse de la nécessaire intervention de l'État est souvent brandie comme panacée.

[146] CPI, chambre d'appel, 3 mars 2015, par.103 et 104.
[147] Arrêt n°13 relatif à l'appel interjeté contre le jugement n°001-2023 du 16 juin 2023 de la Première Section d'Assises, para. 102.

Certains auteurs estiment, en effet, que pour garantir la mise en œuvre des mesures de réparation des crimes internationaux, il faudrait engager systématiquement la responsabilité de l'État sur le territoire duquel les crimes ont été commis, et ce, au nom de sa responsabilité de protéger[148].

Pour séduisante qu'elle puisse paraître, cette proposition se heurte à quelques problèmes d'ordre juridique et politique.

- **Les obstacles juridiques**

Juridiquement, l'intervention de l'Etat ne nous semble ni fondée, ni facilement réalisable.

En effet, l'obligation de mettre en œuvre les mesures de réparation ne peut, nullement, être mise à la charge d'une tierce personne qui n'a été ni partie au procès, ni appelée en cause.

Les juridictions de jugement étant saisies in rem et in personam, elles ne peuvent condamner, tant sur l'action publique que sur les intérêts civils, que les personnes qui ont été attraites devant elles comme auteurs ou complices.

C'est en application de ce principe que, dans sa décision rendue le 16 juin 2023, la Section d'assises a rejeté les demandes de réparation collectives dont la réalisation impliquerait, selon elle, « *l'engagement de*

[148] « Le droit à réparation des victimes de crimes de droit international, responsabilité de protéger et droit international pénal », Anne-Laure Vaurs -Chaumette, in HAL, Open Science, 9 Janvier 2018.

*personnes qui n'ont pas été parties au procès* »[149] ou « *remettrait en cause la souveraineté de l'État* ».

Il s'y ajoute que, dans le cas improbable où l'État est condamné, l'exécution de la mesure risque de se heurter à un obstacle de taille, en raison de l'absence de possibilité de contrainte contre l'État.

Par conséquent, l'intervention des autorités étatiques dans l'exécution des mesures de réparation ne peut se concevoir que sur une base volontaire. C'est ce que la chambre d'appel de la CPS a précisément souligné en indiquant que « La faculté pour des entités tierces – étatique, international ou non étatique – de contribuer à la réalisation de certaines mesures de réparation à la place du condamné est exercée sur une base volontaire. La Chambre d'appel estime par ailleurs ne pas être en mesure d'ordonner aux autorités nationales, ni aux organisations internationales présentes en République Centrafricaine, la réalisation de telles ou telles demandes formulées à leur encontre par les parties civiles ». Précisant leur pensée, les juges d'appel ont ajouté que « La Chambre d'appel ne peut davantage imposer des obligations à des personnes physiques ou morales qui n'ont pas été parties au procès »[150].

**- les risques d'instrumentalisation**

Dans un contexte souvent marqué par l'instabilité et l'insécurité, l'Etat peut être tenté d'utiliser les promesses

---

[149] Installation d'antennes téléphoniques.

[150] Arrêt n°13 relatif à l'appel interjeté contre le jugement no001-2023 du 16 juin 2023 de la Première Section d'Assises, par. 106.

de réparation comme monnaie d'échanges pour couvrir des crimes et renoncer à l'option de la redevabilité. L'exemple du Tchad est à cet égard assez révélateur[151].

En définitive, sauf dans les cas où ce sont ses propres forces armées qui ont commis des crimes, l'État ne peut être attrait, en tant que civilement responsable, pour des actes commis par les auteurs de crimes internationaux.

### C. L'implication souhaitable du Ministère public dans l'examen des intérêts civils

L'action en réparation des crimes internationaux a ceci de particulier qu'elle peut déboucher sur des mesures dont la réalisation nécessite l'intervention de l'État. C'est le cas, par exemple, de la construction de monuments mémoriels, du forage de puits ou de la publication d'ouvrages. Pour chacune de ces mesures, l'État est appelé à intervenir, à travers les autorités déconcentrées, pour délivrer des autorisations ou en faciliter la réalisation.

Par ailleurs, dans les juridictions hybrides, le Ministère public, même s'il est indépendant, n'en garde pas moins toujours, des liens officieux très forts avec l'Exécutif.

Par conséquent, l'implication du Ministère Public dans le contentieux de la réparation peut être un gage de réussite. C'est sans doute pour toutes ces raisons que lors

[151] Au Tchad, le tribunal de première instance avait, en mai 2015 alloué 125 millions de dollars américains de dédommagements à 7 000 victimes du régime de Hissène HABRE. La moitié de la somme devant être payée par le gouvernement tchadien. Mais finalement, rien n'a été payé aux victimes.

de l'examen de l'affaire Paoua, la Chambre d'appel a « *regretté l'absence de participation du Parquet spécial et de la défense à la procédure* »[152].

Cette participation souhaitable du Ministère Public pourrait être formalisée de manière à ce que son avis soit systématiquement donné sur les demandes de réparation.

Concrètement, la solution consiste à faire du contentieux de la réparation une cause communicable, en s'inspirant de ce qui se fait à l'échelle nationale pour les juridictions ordinaires[153].

---

[152] CPS, Chambre d'appel, arrêt du 20 juillet 2023, para. 201.

[153] Les affaires communicables sont les affaires civiles qui, compte tenu de leur sensibilité et des enjeux qu'elles impliquent, sont obligatoirement communiquées, pour avis, au Ministère public. Ainsi l'article 118 du Code de procédure civile de la RCA dispose que « le Ministère Public doit avoir obligatoirement communication :
1. Des affaires relatives à la filiation, à l'organisation de la Tutelle des mineurs, à l'ouverture ou à la modification de la tutelle des majeurs.
2. Des procédures de faillite ou de liquidation judiciaire ;
3. Il doit avoir également communication de toutes les affaires dans lesquelles la loi dispose qu'il doit faire connaître son avis ».
Autre exemple de législation sur les affaires communicables : le Décret 64-512 du 30 Juillet 1964 portant Code de procédure civile dont l'article 57 dispose que « sont communiquées au Procureur de la République les causes suivantes :
- celles qui concernent l'ordre public, l'Etat, les communes, les établissements publics, les dons et legs au profit des pauvres ;
- celles qui concernent l'état des personnes et les tuteurs ;
- les incidents sur la compétence ;
- les règlements de juge, les récusations et les renvois pour parenté ou alliance ;
- les demandes en désaveu formées contre un avocat ;
- Les causes intéressant les personnes placées dans un établissement d'aliénés » ;

Dans le cas de la CPS, il faudrait envisager une réforme du RPP, notamment dans son article 129 par le rajout d'un alinéa qui préciserait que dans le cadre de l'examen du jugement sur les intérêts civils, le Parquet spécial, après avoir reçu notification des écritures ou mémoires des parties, est tenu de donner un avis et de prendre part à l'audience à toutes les étapes de la procédure.

### D. L'implication de tiers dans la mise en œuvre des mesures de réparation

Comme déjà indiqué, la règle de la saisine in rem et in personam exclut toute possibilité de condamner une tierce personne au paiement des frais de réparation des dommages découlant des crimes internationaux.

Néanmoins, l'intervention de tierces personnes, sur une base volontaire, est possible et même souhaitable. En effet, les victimes de crimes internationaux trainent souvent des séquelles dont la prise en charge nécessite une expertise pointue et des moyens sans commune mesure avec ceux des condamnés.

L'arrêt rendu le 23 octobre 2023 par la Chambre d'appel de la CPS est, à cet égard, très illustratif puisqu'il a admis au profit des victimes de viol, la réalisation d'un projet baptisé « Nengo » de *« prise en charge complète, incluant des soins médicaux et psychologiques, des propositions de formation et des mesures de réintégration socio-économique »*[154].

---

[154] CPI, chambre d'appel, 3 mars 2015, par. 169 et suivants.

Dans cette affaire, l'initiative de contribuer à la réparation des dommages, par la prise en charge des victimes, est venue du gestionnaire du projet.

Après avoir recueilli les avis des victimes qui ont donné leur consentement, la Chambre a décidé d'ordonner leur prise en charge par le projet.

A travers cette décision, on réalise à quel point le contentieux de la réparation des crimes internationaux est différent de celui qui a lieu devant les juridictions nationales. Il s'en distingue non seulement par la nature des mesures qui peuvent être ordonnées, mais aussi par le rôle, bien plus étendu, du juge.

**E. La nécessaire mise en place d'un fonds d'indemnisation**

Entre un État solvable, mais juridiquement irresponsable, et un accusé responsable, mais souvent insolvable, les juridictions pénales internationales se retrouvent, souvent, devant un dilemme cornélien.

L'une des solutions envisageables pour sortir de cette impasse est de mettre en place un fonds d'indemnisation qui permettrait de financer les mesures de réparation tant individuelles que collectives.

C'est précisément, ce qui a été prévu à la CPI[155] et aux CAE[156].

Dans la pratique, l'expérience des fonds d'indemnisation n'est pas toujours concluante et les engagements des bailleurs ne sont pas nécessairement un gage de réussite[157].

Pour la CPS, le fonds d'indemnisation, dont la création reste encore attendue, n'a toujours pas vu le jour.

Cette situation met les juridictions pénales internationales dans l'obligation de prononcer des mesures qui ne soient ni dérisoires, ni irréalistes.

En effet, le souci de satisfaire les victimes ne doit pas amener à prononcer des mesures dont la réalisation est hypothétique, voire impossible. Autrement, l'effet d'annonce, qui peut certes être positif, risque de ne durer que le temps d'une rose et de céder très vite la place à de la déception ou, pire, au discrédit de la Justice.

---

[155] Article 79 du statut de la CPI : « *Un fonds est créé, sur décision de l'Assemblée des États Parties, au profit des victimes de crimes relevant de la compétence de la Cour et de leurs familles ». Il est important de faire observer que, pour bénéficier du fonds, les victimes ne sont pas tenues de démontrer un lien quelconque avec une procédure pendante devant la Cour, le fonds étant destiné à toute situation qui présente un intérêt pour la Cour.*

*2. La Cour peut ordonner que le produit des amendes et tout autre bien confisqué soient versés au fonds* ».

[156] Article 28 du Statut des CAE.

[157] C'est le cas des CAE dont le Fonds n'a jamais été fonctionnel malgré les appels pressants des victimes dont la plupart sont d'ailleurs décédées.

Il faut donc s'évertuer à trouver le juste milieu entre l'équité, qui commande la prise en compte des intérêts des victimes, et l'efficacité, qui suppose un minimum de réalisme et de lucidité dans l'appréciation desdits intérêts.

# CONCLUSION

Cette étude sur les règles qui régissent la phase de jugement des crimes internationaux devant la CPS a permis de prendre l'exacte mesure du caractère véritablement « spécial » de la CPS.

En effet, l'enchevêtrement des règles de Common Law et de Civil Law ainsi que l'application simultanée des règles de droit national et de Droit international confèrent à la CPS un caractère nettement plus hybride que d'autres juridictions de même nature telles que les CAE.

Les réflexions menées tout au long de cet ouvrage auront, aussi, permis de tirer quelques enseignements relatifs, d'une part, aux aspects positifs de la phase de jugement devant la CPS et, d'autre part, aux insuffisances qu'il serait utile, voire nécessaire, de corriger.

Au nombre des aspects positifs, figurent l'assujettissement du déroulement de l'audience à des principes garantissant le caractère équitable du procès ainsi que la consécration de règles visant à favoriser une gestion efficiente du temps du procès. Il s'y ajoute la place privilégiée faite aux victimes à toutes les étapes de la procédure, tel que cela résulte, de la « jurisprudence Paoua ».

Ce sont là autant d'éléments qui démontrent qu'à maints égards, la pratique judiciaire en cours devant la CPS, est alignée sur les standards internationaux établis en matière de justice pénale internationale.

Concernant les insuffisances, on peut tout d'abord, relever la persistance, au sujet des modes de réparation des crimes internationaux, de zones d'ombre qui ne contribuent pas à la prévisibilité des décisions de justice. Au demeurant, l'appréciable expertise dont dispose la Cour autorise à penser que les clarifications idoines seront effectuées, pour le plus grand bien du système judiciaire centrafricain et, au-delà, de la justice pénale internationale.

Dans le même ordre d'idées, l'absence de fonds d'indemnisation constitue un lourd handicap susceptible de compromettre les efforts visant la protection des droits des victimes.

En définitive, cette étude aura révélé que, malgré l'existence d'insuffisances et d'ambiguïtés, la CPS dispose d'atouts qui font d'elle une juridiction promise à un bel avenir. Gageons que les fruits tiendront la promesse des fleurs.

En mettant la dernière main sur la conclusion, nous avons conscience de n'avoir pas épuisé le sujet, bien au contraire.

Mais nous aurons, tout de même, réalisé notre objectif si ces quelques pages contribuent un tant soit peu, à susciter un plus grand intérêt pour cette juridiction et à faire prendre davantage conscience du rôle qu'elle joue dans le processus de mise en œuvre de la Justice transitionnelle en RCA en général et dans la lutte contre l'impunité en particulier.

# BIBLIOGRAPHIE

## I. NORMES

### Normes Internes

Constitution centrafricaine

Loi organique n° 15-003 du 03 juin 2015 portant création, organisation et fonctionnement de la CPS.

Loi n° 18-010 du 02 juillet 2018 portant Règlement de Procédure et de Preuves.

Loi organique n° 95-0011 du 23 décembre 1995 relative à la Cour de cassation.

Code Pénale centrafricain.

Code de Procédure Pénale centrafricain.

Code de Procédure Civil

Accord politique pour la paix et la réconciliation en République Centrafricaine

Loi n° 20.009 du 07 avril 2020, portant création, organisation et fonctionnement de la commission vérité justice réparation et réconciliation (CVJRR).

### Normes internationales

Statut de Rome de la Cour pénale internationale.

CPI, Règlement de procédure et de preuve

Accord concernant la poursuite et le châtiment des grands criminels de guerre des Puissances européennes de l'Axe et statut du tribunal international militaire du 8 août 1945.

Statut du Tribunal pénal international pour l'ex-Yougoslavie

Statut du Tribunal Pénal International pour le Rwanda

Statut du Tribunal Spécial pour la Sierra Leone

Statut du Tribunal spécial pour le Liban

Loi sur les CETC

Règlement intérieur des CETC

Statut des CAE.

Charte africaine des droits de l'homme et des peuples

Pacte international relatif aux droits civils et politiques.

## II. JURISPRUDENCE

### Décisions de la CPS

CPS, Première Section d'Assises, jugement N° 003-2022 du 31 octobre 2022 ;

CPS, Chambre d'appel, Arrêt n° 9 relatif aux appels interjetés contre le jugement n° 003-2022 du 31 octobre 2022 ;

CPS, jugement du 16 juin 2023 ;

CPS, arrêt du 20 juillet 2023 ;

CPS, arrêt du 23 octobre 2023.

### Autres décisions

CPI, CHAMBRE DE PREMIÈRE INSTANCE I, Motifs de la décision rendue oralement le 15 janvier 2019 relativement à la « Requête de la Défense de Laurent Gbagbo afin qu'un jugement d'acquittement portant sur toutes les charges soit prononcé en faveur de Laurent Gbagbo et que sa mise en liberté immédiate soit ordonnée », et à la requête en insuffisance des moyens à charge présentée par la Défense de Charles Blé Goudé, 16 juillet 2019.

CPI, Arrêt de la Chambre d'appel dans l'affaire Le Procureur c. Laurent Gbagbo et Charles Blé Goudé, 31 mars 2021.

CPI, Chambre de première instance II, affaire GERMAIN KATANGA, Ordonnance de réparation en vertu de l'article 75 du Statut, 24 mars 2017.

CPI, chambre d'appel, 3 mars 2015

CPI, Affaire Lubanga, 3 mars 2015, Arrêt relatif aux appels interjetés contre la Décision fixant les principes et procédures applicables en matière de réparations rendue le 7 août 2012 (N o ICC-01/04-01/06 A A 2 A 3).

CEDH, 26 février 1996, Vermeulen C/ Belgique.

CAE, Arrêt de la chambre d'assises d'appel du 27 avril 2017

CAE, jugement, 30 mai 2016 ;

CEDH, Arrêt khawaja et Tahery ;

TPIY, Affaire Krnojelac, Chambre d'appel, 17 septembre 2003 ;

CETC, Arrêt Duch.

TPIY, Le Procureur C / Galic, chambre d'appel, Arrêt du 3à novembre 2006

TPIY ; Arrêt Stakic, Chambre d'appel, 22 mars 2006

## III. DOCTRINE

Ouvrages

B. Pascal, Pensées, Œuvres complètes, édition du Seuil, 1963.

**Articles**

A. Cassesse, « Internatonal Criminal Law », Oxford University Press, 2003.

Alain Blanc, La preuve aux assises : entre formalisme et oralité, la formation de l'intime conviction, Dalloz - Actualité Juridique pénale, 2005 ;

M. Bruno Cotte

« Le droit à réparation des victimes de crimes de droit international, responsabilité de protéger et droit international pénal », Anne-Laure Vaurs-Chaumette, in HAL, Open Science, 9 Juin 2028.

## IV. AUTRES

CPI et le « GUIDE PRATIQUE DE PROCÉDURE POUR LES CHAMBRES », Cinquième édition Adopté à la suite de la retraite des juges de 2021 ;

CPS, Stratégie d'enquêtes, de poursuites et d'instruction.

# ANNEXES

# Annexe 1

REPUBLIQUE CENTRAFRICAINE
Unité – Dignité – Travail
***********
COUR PÉNALE SPÉCIALE
*Chambre d'appel*

**Composition :** M. Barthélémy YAMBA, Président
M. Olivier BEAUVALLET, Juge
M. Volker NERLICH, Juge

**Greffier :** Me Martin BOTEOKO

**Date de l'ordonnance :** 25 mai 2023
**Classification :** PUBLIC
**Langue :** Français

**Arrêt n° 8 modifiant le calendrier des audiences relatives aux appels interjetés contre le jugement N° 003-2022 du 31 octobre 2022 rendu par la Première Section d'Assises**

**Parquet du Procureur Spécial**
M. Toussaint MUNTANZINI, Procureur Spécial
M. Alain OUABY, Procureur Spécial adjoint
M. Alain TOLMO, Substitut national
M. Alexandre TINDANO, Substitut international
M. Romaric KPANGA, Substitut national
M. Bassem CHAWKY, Substitut international

**Avocats des parties civiles**
Me Andre Olivier MANGUEREKA
Me Claudine BAGAZA DINI

**Accusés**
M. Adoum ISSA SALLET alias BOZIZÉ
M. Ousmane YAOUBA
M. Mahamat TAHIR

**Avocats de la défense**
Me Donatien KOY-DOLINGBETE
Me Denis MOLOYOAMADE
Me Paul YAKOLA

**Avocats de la défense**
Me Donatien KOY-DOLINGBETE
Me Denis MOLOYOMAOADE
Me Paul YAKOLA

***La Chambre d'appel,***

***Vu*** les appels interjetés le 2 novembre 2022 par Me Donatien KOY-DOLINGBETE pour M. Adoum ISSA SALLET alias BOZIZÉ, par Me Denis MOLOYOAMADE pour M. Mahamat TAHIR et par Me Paul YAKOLA pour M. Ousman YAOUBA, et l'appel interjeté le 3 novembre par le Procureur spécial contre le jugement n° 003-2022 du 31 octobre 2022 rendu par la Première Section d'assises,

***Vu*** les mémoires d'appel déposés le 2 décembre 2022 par Me Donatien KOY-DOLINGBETE pour M. Adoum ISSA SALLET alias BOZIZÉ, par Me Denis MOLOYOAMADE pour M. Mahamat TAHIR et par Me Paul YAKOLA pour M. Ousman YAOUBA,

***Vu*** le mémoire en réponse déposé le 3 janvier 2023 par le Procureur spécial,

***Vu*** l'ordonnance n° 2023/4 du 30 janvier 2023 du Président de la Chambre d'appel désignant M. le juge Volker NERLICH en tant que juge rapporteur dans l'affaire susvisée,

***Vu*** l' « *Arrêt n° 7 portant calendrier relatif aux appels interjetés contre le jugement No 003-2022 du 31 octobre 2022 rendu par la Première Section d'Assises* » rendu par la Chambre d'appel le 4 mai 2023,

***Vu*** la conférence de mise en état qui a eu lieu devant la Chambre d'appel le 25 mai 2023,

***Vu*** l'article 136 du Règlement de la procédure et de la preuve,

***Rend*** le présent arrêt modifiant le calendrier des audiences relatives aux appels susmentionnés :

1) Une audience se tiendra devant la Chambre d'appel du mardi 30 mai 2023 jusqu'au jeudi 1er juin 2023, aux fins d'éclaircir le cas échéant certains points de droit et de fait contestés en appel.
2) L'audience se déroulera en conformité avec le calendrier modifié ci-joint, qui constitue une partie intégrale de la présente ordonnance portant calendrier. Ce calendrier est impératif et, à ce titre, s'impose aux parties.
3) Afin d'assurer le bon déroulement de l'audience, les parties déposeront, au plus tard à 15h00 le vendredi 26 mai 2023, un résumé des arguments qu'elles comptent soulever pendant l'audience. Le résumé de chaque partie ne doit pas dépasser 12 pages. Il vise à présenter sommairement les points que chaque partie entend abordée pendant le laps de temps imparti pour chaque séquence.
4) La Chambre d'appel entendra les réquisitions du Parquet spécial et les plaidoiries finales des parties ainsi que, le cas échéant, les dernières paroles des accusés lors d'une audience dont la date est provisoirement fixée au 19 juin 2023 à 10h.
5) La Chambre d'appel décidera ultérieurement de la nécessité éventuelle de tenir d'autres audiences relatives aux appels susmentionnés.

Fait à Bangui le 25 mai 2023

*/signé/*

**M. le Juge Barthélémy YAMBA**
**Président de la Chambre d'appel**

*/signé/*

**M. le Juge Olivier BEAUVALLET**

*/signé/*

**M. le Juge Volker NERLICH**

*/signé/*

**Me Martin BOTEOKO**
**Greffier**

# Annexes

**Calendrier modifié de l'audience devant la Chambre d'appel du 30 mai au 1er juin 2023**

Afin d'assurer le bon déroulement de l'audience, les parties sont priées d'être présentes dans la salle d'audience au moins cinq minutes avant le début de chaque séance.

Pour chaque groupe de questions, après une introduction par le juge rapporteur, les parties sont priées de faire leurs arguments dans l'ordre établi ci-dessous et dans le temps qui leur est accordé.

Si les parties, dans leurs soumissions, se réfèrent à des textes juridiques, à la jurisprudence ou à d'autres documents de caractère juridique autre que les lois de la République Centrafricaine, le Statut de Rome de la Cour pénale internationale et les instruments juridiques y relatifs (à savoir, le Règlement de procédure et de preuve et les Éléments des crimes), elles sont priées de distribuer des copies de ces documents à la Chambre d'appel et aux autres parties au début de la séance.

Après les soumissions des parties pour chaque groupe de questions, les juges de la Chambre d'appel poseront des questions, s'ils le considèrent nécessaire.

La Chambre d'appel tient à souligner qu'elle a décidé de limiter l'audience à des questions soulevées en appel qui nécessitent davantage d'éclaircissement. Elle analysera tous les autres moyens d'appel sur la base des écritures des parties déjà déposées. Par conséquence, les parties sont priées de ne pas faire d'observations orales pendant l'audience portant sur d'autres sujets que ceux mentionnés ci-dessous. Elle rappelle également l'article 136-B du RPP, qui dispose que « les parties ne sont pas autorisées à évoquer à l'audience d'autres points que ceux figurant dans leurs mémoires », et l'article 137 du RPP. Elle note qu'aucune partie n'a demandé l'autorisation de déposer des moyens de preuve supplémentaires.

| **Séance A : mardi, 30 mai 2023, de 10h00 à 12h00** | |
|---|---|
| 10h00 à 10h30 | **Ouverture de l'audience** par le Président de la Chambre d'appel ;<br>**Présentation du rapport** sur les appels par le juge rapporteur |
| 10h30 à 12h30 | **Groupe 1 : La recevabilité des appels**, notamment celui du Procureur spécial, qui n'a pas déposé un mémoire en soutien de son appel.<br>- Introduction par le juge rapporteur ;<br>- Procureur spécial ou son représentant – 5 minutes ;<br>- Avocat pour les parties civiles – 5 minutes :<br>- Avocat pour M. Issa Sallet – 5 minutes ;<br>- Avocat pour M. Tahir – 5 minutes ;<br>- Avocat pour M. Yaouba – 5 minutes ;<br>- Suivi, le cas échéant, par des questions supplémentaires de la Chambre d'appel.<br>**Groupe 2 : Le statut de certains documents** ne figurant pas dans l'inventaire du dossier de la présente affaire mais référencés dans le jugement du 31 octobre 2022 de la Section d'assises (« Jugement dont appel »), dans l'arrêt n° 18 du 17 décembre 2021 de la Chambre d'accusation spéciale, dans l'Ordonnance de disjonction, de non-lieu partiel et de renvoi devant la Chambre d'assises de la Cour pénale spéciale du 3 décembre 2021 du Cabinet d'instruction n° 2, ou dans les écritures des parties (voir l'annexe au présent calendrier).<br>- Introduction par le juge rapporteur ;<br>- Procureur spécial ou son représentant – 10 minutes ;<br>- Avocat pour les parties civiles – 10 minutes :<br>- Avocat pour M. Issa Sallet – 10 minutes ; |

| | |
|---|---|
| | - Avocat pour M. Tahir – 10 minutes ;<br>- Avocat pour M. Yaouba – 10 minutes ;<br>- Suivi, le cas échéant, par des questions supplémentaires de la Chambre d'appel. |
| **Séance B : mardi, 30 mai 2023, de 13h00 à 15h15** | |
| 13h30 à 15h30 | **Groupe 3 : La suffisance de la motivation du Jugement dont appel**, y compris la conséquence d'une éventuelle insuffisance de la motivation.<br>- Introduction par le juge rapporteur ;<br>- Avocat pour M. Issa Sallet – 10 minutes ;<br>- Avocat pour M. Tahir – 10 minutes ;<br>- Avocat pour M. Yaouba – 10 minutes ;<br>- Avocat pour les parties civiles – 10 minutes ;<br>- Procureur spécial ou son représentant – 10 minutes ;<br>- Suivi, le cas échéant, par des questions supplémentaires de la Chambre d'appel.<br><br>**Groupe 4 : L'existence d'un conflit armé** au moment des événements à Koundjili et Lemouna le 21 mai 2019, y compris la question de savoir 1) si un conflit armé qui aurait commencé en 2012 sur le territoire de la République Centrafricaine a perduré et 2) si ce fait n'était pas de notoriété publique et 3) si la Cour peut en dresser constat judiciaire (art. 3-4 de la Loi organique n° 15-003 en combinaison avec l'art. 69-6 du Statut de Rome de la Cour pénale internationale).<br>- Introduction par le juge rapporteur ;<br>- Avocat pour M. Issa Sallet – 15 minutes ;<br>- Avocat pour M. Tahir – 15 minutes ;<br>- Avocat pour M. Yaouba – 15 minutes ;<br>- Avocat pour les parties civiles – 10 minutes ;<br>- Procureur spécial ou son représentant – 10 minutes ;<br>- Suivi, le cas échéant, par des questions supplémentaires de la Chambre d'appel.<br>N.B. : *Le débat continuera en cas de besoin le lendemain matin.* |
| **Séance C : mercredi, 31 mai 2023, de 10h00 à 12h00** | |
| 10h00 à 12h00 | **Groupe 4 : Continuation du débat.**<br><br>**Groupe 5 : L'existence d'une attaque généralisée ou systématique lancée contre toute population civile**, y compris les questions de savoir 1) si les événements qui ont eu lieu à Koundjili et Lemouna le 21 mai 2019 en soi constituent une telle attaque, si d'autres événements peuvent être pris en compte pour établir l'existence d'une attaque et sur la base de quels éléments de preuve dans le dossier, et 2) si, pour caractériser un crime contre l'humanité au sens de l'article 153 du Code pénal, il est nécessaire d'établir que les actes potentiellement constitutif de crimes contre l'humanité ont été commis « en application ou dans la poursuite de la politique d'un État ou d'une organisation ayant pour but une telle attaque » (voir l'article 7-2-a du Statut de Rome de la Cour pénale spéciale).<br>- Introduction par le juge rapporteur ;<br>- Avocat pour M. Issa Sallet – 15 minutes ;<br>- Avocat pour M. Tahir – 15 minutes ; |

| | |
|---|---|
| | - Avocat pour M. Yaouba – 15 minutes ;<br>- Avocat pour les parties civiles – 10 minutes ;<br>- Procureur spécial ou son représentant – 10 minutes ;<br>- Suivi, le cas échéant, par des questions supplémentaires de la Chambre d'appel. |
| **Séance D : mercredi, 31 mai 2023, de 13h00 à 15h00** | |
| | **Groupe 6 : Les modes de responsabilité**, y compris la question de savoir si la notion de co-auteur nécessite qu'il soit établi qui, parmi plusieurs co-auteurs, a exécuté l'acte incriminé.<br>- Introduction par le juge rapporteur ;<br>- Avocat pour M. Issa Sallet – 15 minutes ;<br>- Avocat pour M. Tahir – 15 minutes ;<br>- Avocat pour M. Yaouba – 15 minutes ;<br>- Avocat pour les parties civiles – 10 minutes ;<br>- Procureur spécial ou son représentant – 10 minutes ;<br>- Suivi, le cas échéant, par des questions supplémentaires de la Chambre d'appel. |
| **Séance E : jeudi, 1er juin 2023, de 10h00 à 12h00** | |
| | **Groupe 7 :** Questions relatives à **la peine** : le cas échéant, quelles sont les circonstances atténuantes ou aggravantes que la Chambre d'appel devrait prendre en compte lorsqu'elle fixe la peine ?<br>- Introduction par le juge rapporteur ;<br>- Avocat pour les parties civiles – 15 minutes ;<br>- Procureur spécial ou son représentant – 15 minutes ;<br>- Avocat pour M. Issa Sallet – 15 minutes ;<br>- Avocat pour M. Tahir – 15 minutes ;<br>- Avocat pour M. Yaouba – 15 minutes ;<br>- Suivi, le cas échéant, par des questions supplémentaires de la Chambre d'appel. |
| **Séance F : jeudi, 1er juin 2023, de 13h00 à 15h00** | |
| | **Groupe 8 :** Conséquences du fait que la **Section d'assises n'a pas statué sur la culpabilité de M. Tahir et M. Yaouba pour les événements à Koundjili** (point soulevé par la Chambre d'appel d'office).<br>- Introduction par le juge rapporteur ;<br>- Avocat pour les parties civiles – 15 minutes ;<br>- Procureur spécial ou son représentant – 15 minutes ;<br>- Avocat pour M. Issa Sallet – 15 minutes ;<br>- Avocat pour M. Tahir – 15 minutes ;<br>- Avocat pour M. Yaouba – 15 minutes ;<br>- Suivi, le cas échéant, par des questions supplémentaires de la Chambre d'appel. |

| | |
|---|---|
| **Lundi 19 juin 2023, de 10h00 à 12h30 (date provisoire)** | |
| | **Plaidoiries et réquisitions finales des parties**<br>- Avocat pour les parties civiles – 15 minutes ;<br>- Procureur spécial ou son représentant – 15 minutes ;<br>- Avocat pour M. Issa Sallet – 15 minutes ;<br>- Avocat pour M. Tahir – 15 minutes ;<br>- Avocat pour M. Yaouba – 15 minutes ;<br>- Dernière parole des accusés – 10 minutes par personne accusée.<br>Les avocats de la défense sont priés d'indiquer à la Chambre d'appel au plus tard avant le début de la séance E si leurs clients prendront la parole personnellement. |

**Annexe – Documents ne figurant pas dans l'inventaire du dossier de l'instruction**

| **Document** | **Référencé où ?** |
|---|---|
| « Accord politique pour la paix et la réconciliation en République centrafricaine » | Jugement dont appel, note 2, 54 ;<br>Mémoire d'appel pour M. Issa Sallet, 2 décembre 2022, note 175 ;<br>Réquisitoire en réplique aux mémoires d'appel de la défense, Procureur spécial, 3 janvier 2023, note 53 |
| International Peace Information Service (IPIS) et Danish Institute for International Studies (DIIS), « République centrafricaine : cartographie du conflit », Anvers, 2018, p. 40 | Jugement dont appel, note 58 |
| Nations Unies, Conseil de sécurité, résolution 2127 (2013) | Jugement dont appel, note 63 |
| Human Rights Watch, « Rapport mondial 2017, République centrafricaine, événements 2016 » | Jugement dont appel, note 64 |
| Cour pénale internationale, Chambre préliminaire II, décision relative à la confirmation des charges du 14 mai 2020, ICC-01/14-01/18 | Réquisitoire final du Parquet spécial, 5 août, notes 36, 37 |
| Nations Unies, Rapports Droit de l'Homme RCA, MINUSCA, rapports trimestriels d'avril à juin 2019, de juillet à septembre 2019, d'octobre à décembre 2019, de janvier à mars 2020, d'avril à juin 2020 et d'juillet à décembre 2020 | Réquisitoire en réplique aux mémoires d'appel de la défense, Procureur spécial, 3 janvier 2023, notes 15, 16 |
| Nations Unies, Communication MINUSCA « Malgré l'attaque lâche contre les casques bleus, l'opération 'A la londo' se poursuivra » | Réquisitoire en réplique aux mémoires d'appel de la défense, Procureur spécial, 3 janvier 2023, note 18 |
| Nations Unies, Rapport final du Groupe d'experts sur la République centrafricaine reconduit dans son mandat par la résolution 2454 (2019) du Conseil de sécurité (décembre 2019) | Réquisitoire en réplique aux mémoires d'appel de la défense, Procureur spécial, 3 janvier 2023, notes 54, 60 |
| https://www.un.org/securitycouncil/fr/sanctions/2127/materials/summaries | Ordonnance de disjonction, de non-lieu partiel et de renvoi devant la Chambre d'assises de la Cour pénale spéciale, Cabinet d'instruction n° 2, notes 17, 40 ;<br>Arrêt no. 18/2021, Chambre d'accusation, notes 10, 17 ;<br>Mémoire d'appel pour M. Issa Sallet, 2 décembre 2022, note 165 ;<br>Réquisitoire en réplique aux mémoires d'appel de la défense, Procureur spécial, 3 janvier 2023, note 57 |
| Nations Unies, Rapport final du Groupe d'experts sur la République centrafricaine reconduit dans son mandat par la résolution 2507 (2020) du Conseil de sécurité (décembre 2020) | Réquisitoire en réplique aux mémoires d'appel de la défense, Procureur spécial, 3 janvier 2023, note 61 |
| Thierry Vircoulon, Les Peuls Mbororo dans le conflit centrafricain, Études de l'Ifri, avril 2021 | Arrêt no. 18/2021, Chambre d'accusation, p. 6, 7, 8 |

# Annexe 2

**RÉPUBLIQUE CENTRAFRICAINE**
**Unité – Dignité – Travail**
***********
**COUR PÉNALE SPÉCIALE**
***Chambre d'appel***

| | |
|---|---|
| **Composition :** | **M. Barthélémy YAMBA, Président**<br>**M. Olivier BEAUVALLET, Juge**<br>**M. Volker NERLICH, Juge** |
| **Greffier :** | **Me Martin BOTEOKO** |
| **Date de l'arrêt :** | **23 octobre 2023** |
| **Classification :** | **PUBLIC** |
| **Langue :** | **Français** |

**Arrêt n° 13**
**relatif à l'appel interjeté contre le jugement n°001-2023**
**du 16 juin 2023 de la Première Section d'Assises**

**Parquet du Procureur Spécial**
M. Toussaint MUNTANZINI, Procureur Spécial
M. Alain OUABY, Procureur Spécial adjoint
M. Alain TOLMO, Substitut national
M. Alexandre TINDANO, Substitut international
M. Romaric KPANGBA, Substitut national
M. Bassem CHAWKY, Substitut international

**Avocats des parties civiles**
Me André Olivier MANGUEREKA
Me Claudine BAGAZA DINI

**Condamnés**
M. Issa SALLET ADOUM alias BOZIZÉ
M. Ousman YAOUBA
M. Mahamat TAHIR

**Avocats de la défense**
Me Donatien KOY-DOLINGBETE
Me Denis MOLOYOAMADE
Me Paul YAKOLA

# Table des matières

***La Chambre d'appel,***

***Vu*** la procédure n°PAOUA-0006-190521/PQS diligentée contre Issa Sallet Adoum alias Bozizé, Ousman Yaouba et Mahamat Tahir,

***Vu*** le jugement n°001-2023 sur les intérêts civils du 16 juin 2023 de la Première Section d'assises

***Vu*** l'arrêt n°9 de la Chambre d'appel relatif aux appels interjetés contre le jugement n°003-2022 du 31 octobre 2022 de la Première Section d'assises en date du 20 juillet 2023 ;

***Vu*** l'appel interjeté par Me Manguereka et Me Bagaza Dini pour les parties civiles le 19 juin 2023,

***Vu*** l'ordonnance n° 2023/6 du 4 mai 2023 du Président de la Chambre d'appel désignant M. le juge Olivier Beauvallet en tant que juge rapporteur dans l'affaire susvisée,

***Rend*** le présent arrêt :

# I. Introduction

1. Le 31 octobre 2022, la Première Section d'assises de la Cour pénale spéciale (« Section d'assises » et « CPS » ou « Cour » respectivement) a rendu son jugement contre Issa Sallet Adoum, alias Bozizé (« Issa Sallet »), Ousman Yaouba et Mahamat Tahir (ensemble : « les condamnés ») concernant leur responsabilité pénale pour l'attaque des villages de Lemouna et Koundjili le 21 mai 2019[1].

2. Le 16 juin 2023, la Section d'assises a rendu son jugement[2] par lequel elle s'est prononcée sur la recevabilité des parties civiles, sur la responsabilité des condamnés de réparer les préjudices et sur les modalités de réparation (le « Jugement attaqué »).

3. Les parties civiles ont interjeté appel du Jugement attaqué le 19 juin 2023.

4. Le 20 juillet 2023, la Chambre d'appel a réformé le jugement rendu le 31 octobre 2022 tout en déclarant coupables les condamnés de plusieurs chefs de crimes contre l'humanité et de crimes de guerre.

5. Par le présent arrêt, la Chambre d'appel statue sur l'appel contre le Jugement attaqué. Conformément à l'article 138-A du Règlement de procédure et de preuve[3] (le « RPP »), l'arrêt est dûment motivé par rapport à chaque point de droit ou de fait contesté en appel. Afin de contribuer à la lisibilité et l'accessibilité de sa décision, la Chambre d'appel a opté pour un style direct et

---

[1] Première Section d'assises, Jugement n°003-2022, 31 octobre 2022, n° CPS/C.ASS/ISA/22-001, https://www.legal-tools.org/doc/lr7fqm/ (« Jugement pénal »).

[2] Première Section d'assises, Jugement n°001-2023, 16 juin 2023, n° CPS/CA/PSA/22-001, https://www.legal-tools.org/doc/h2js5q/.

[3] Loi n°18.010 du 2 juillet 2018, portant règlement des procédure et preuve devant la Cour pénale spéciale de la République centrafricaine, https://www.legal-tools.org/doc/f2t8zd/.

concis. Quand elle se réfère à la jurisprudence d'autres juridictions internationales ou internationalisées, la Chambre d'appel ne prétend pas donner une liste exhaustive des décisions pertinentes, mais fait uniquement référence aux décisions judiciaires qui, selon la Chambre d'appel, sont les plus importantes.

6. Dans ce premier arrêt rendu en matière de réparation, la Chambre d'appel clarifie d'abord les conditions de recevabilité des parties civiles. Elle se prononce ensuite sur les principes généraux et les modalités applicables aux mesures de réparation. Elle examine ensuite les moyens d'appel sur la recevabilité de la constitution des parties civiles et les mesures de réparation.

## II. Critères d'examen

7. La Chambre d'appel a jugé que son examen, déclenché par un appel contre un jugement d'une section d'assises sur l'action publique, portait à la fois sur des questions de droit et des questions de fait[4]. La Chambre d'appel estime qu'en matière de réparations, elle exerce le même contrôle sur le jugement de la section d'assises[5].

### *A. Erreurs de droit*

8. La Chambre d'appel a déjà jugé que lorsqu'un appelant allègue que le jugement attaqué est entaché d'une erreur de droit, la Chambre d'appel ne s'en remet pas à l'interprétation du droit faite par la section d'assises. Elle tire ses propres conclusions quant au droit applicable et détermine si la section d'assises a mal interprété le droit[6].

9. La Chambre d'appel souligne que des erreurs de droit peuvent concerner des questions de procédure. Par ailleurs, si le grief concerne une question à l'égard de laquelle la section d'assises dispose d'une marge d'appréciation, la Chambre d'appel n'examinera pas si elle aurait pris la

[4] Ch. App., Arrêt n°9 relatif aux appels interjetés contre le jugement no 003-2022 du 31 octobre 2022 de la Première Section d'Assises, 20 juillet 2023, 9-2022, https://www.legal-tools.org/doc/f1s6pp/ (« Arrêt *Issa Sallet* »), §10.

[5] CPI, Ch. App. *Lubanga*, Arrêt relatif aux appels interjetés contre la Décision fixant les principes et procédures applicables en matière de réparations rendue le 7 août 2012 accompagné de l'Ordonnance de réparation MODIFIÉE (annexe A) et des annexes publiques 1 et 2, 3 mars 2015, ICC-01/04-01/06-3129-tFRA, https://www.legal-tools.org/doc/4pc0w3/ (« Arrêt *Lubanga* »), §40.

[6] Arrêt *Issa Sallet*, §11 ; Arrêt *Lubanga*, §41 ; CPI, Ch. App., *Katanga*, Judgment on the appeals against the order of Trial Chamber II of 24 March 2017 entitled "Order for Reparations pursuant to Article 75 of the Statute", 8 mars 2018, ICC-01/04-01/07-3778-Red, https://www.legal-tools.org/doc/0a95b7/ (« Arrêt *Katanga* »), §39 ; CPI, Ch. App., *Al Mahdi*, Arrêt relatif à l'appel interjeté par les victimes contre l'Ordonnance de réparation, 8 mars 2018, ICC-01/12-01/15-259-Red2-tFRA, https://www.legal-tools.org/doc/c18c58/ (« Arrêt *Al Mahdi* »), § 24 ; CPI, Ch. App., *Ntaganda*, Arrêt relatif aux appels interjetés contre l'ordonnance de réparation rendue par la Chambre de première instance VI le 8 mars 2021, 12 septembre 2022, ICC-01/04-02/06-2782-tFRA, https://www.legal-tools.org/doc/4ne4dc/ (« Arrêt *Ntaganda* »), §29.

même décision que la section d'assises, mais seulement si la décision de la section d'assises a été raisonnable, compte tenu de tous les facteurs pertinents[7].

### *B. Erreurs de fait*

10. Pour apprécier les erreurs de fait, la Chambre d'appel applique le critère déjà dégagé dans une précédente décision : lorsqu'un appelant conteste une conclusion factuelle dans le jugement attaqué, la Chambre d'appel se limite généralement à la question de savoir si la conclusion de la section d'assises a été raisonnable, au vu des éléments de preuve produits devant elle[8].

11. En évaluant le caractère raisonnable de la conclusion factuelle, la Chambre d'appel prend en compte la motivation donnée par la section d'assises[9].

12. La Chambre d'appel tient à souligner que l'insuffisance dans la motivation d'un jugement peut ainsi être pertinente pour étayer une erreur de fait ; une insuffisance dans la motivation peut par ailleurs également constituer une erreur de procédure – et ainsi une violation de la loi – étant donné que la loi exige la motivation des jugements[10].

### *C. Effet de l'erreur sur le jugement attaqué et décision de la Chambre d'appel*

13. La Chambre d'appel considère que, pour infirmer ou reformer un jugement sur l'action pénale, ou ordonner un nouveau procès, il est nécessaire d'établir non seulement l'existence d'une erreur de droit ou de fait, mais également que l'erreur a sérieusement entaché la décision attaquée. À cet égard, l'appelant doit démontrer qu'en l'absence de l'erreur soulevée, la décision aurait été sensiblement différente de celle qui a été rendue[11]. Il en va de même pour le jugement portant sur les réparations.

14. Quand la Chambre d'appel a conclu qu'un jugement attaqué est sérieusement entaché par une ou plusieurs erreurs de droit ou de fait, elle décide s'il convient d'infirmer ou de reformer le jugement sur les réparations ; elle prend cette décision au vu des circonstances spécifiques. Le pouvoir de la Chambre d'appel, reconnu par l'article 138-C du RPP, d'ordonner que l'accusé soit

[7] Arrêt *Issa Sallet*, §12.
[8] Arrêt *Issa Sallet*, §13 ; Arrêt *Lubanga*, §28 ; Arrêt *Katanga,* §41 renvoyant à CPI, Ch. App., Lubanga, Judgment on the appeal of Mr Thomas Lubanga Dyilo against his conviction, 1er décembre 2014, ICC-01/04-01/06-3121-Red, https://www.legal-tools.org/doc/585c75/, §§18-19 ; Arrêt *Al Mahdi*, § 24 ; Arrêt *Ntaganda*, §30.
[9] Arrêt *Issa Sallet*, §14.
[10] Arrêt *Issa Sallet*, §15.
[11] CPI, Ch. app, *Situation en RDC*, Arrêt relatif à l'appel interjeté par le Procureur contre la décision de la Chambre préliminaire I intitulée « Décision relative à la requête du Procureur aux fins de délivrance de mandats d'arrêt en vertu de l'article 58 », 13 juillet 2006, ICC-01/04-169-tFRA (OA), https://www.legal-tools.org/doc/87f8fe/, §84.

à nouveau jugé par une section d'assises qui n'a pas connu de l'affaire, est sans application pour les appels contre un jugement portant seulement sur l'action civile.

### *D. Pouvoir de la Chambre d'appel de soulever d'office des erreurs*

15. La Chambre d'appel a indiqué qu'en examinant un recours, elle examine les allégations d'erreurs de droit ou de de fait soulevées par le mémoire de l'appelant[12].

16. La Chambre d'appel rappelle, sur le fondement de l'article 80 de la loi organique portant organisation et fonctionnement de la Cour de Cassation[13] et de l'article 49 de la loi organique qui a fondé la CPS[14] (la « Loi organique »), qu'elle dispose de la faculté de soulever d'office des erreurs de droit ou de fait si un appel a été interjeté contre un jugement concernant l'action publique[15]. Elle considère qu'elle dispose de cette faculté également en cas d'un appel contre un jugement concernant l'action civile.

## III. Rappel de la procédure concernant la phase de réparation

### *A. La phase préliminaire (enquête et instruction)*

17. Une information judiciaire était ouverte en vertu d'un réquisitoire introductif[16] du 30 juillet 2019 par le Parquet spécial des chefs de crimes contre l'humanité et crimes de guerre en raison des faits commis le 21 mai 2019 dans les villages de Koundjili et Lemouna, dans la sous-préfecture de Paoua.

18. Le 6 mars 2020, Me Oliver Manguereka déposait une plainte avec constitution de partie civile pour le compte de huit personnes[17], visant les faits commis à Koundjili.

19. Le 11 mars 2020, Me Manguereka déposait une plainte avec constitution de partie civile visant cette fois les faits commis à Lemouna pour le compte de treize personnes[18].

---

[12] Arrêt *Issa Sallet*, §20.
[13] Loi organique n°95.0011 du 23 décembre 1995 portant organisation et fonctionnement de la Cour de Cassation.
[14] Loi organique n°15.003 du 3 juin 2015, portant création, organisation et fonctionnement de la Cour pénale spéciale, https://www.legal-tools.org/doc/fd284b/.
[15] Arrêt *Issa Sallet*, §21.
[16] D-II-7.
[17] D-I-52.3-1.
[18] D-I-51.3-1.

20. Par ordonnance en date du 31 mai 2021, le Cabinet d'instruction déclarait recevables ces deux demandes de constitution de partie civile et ordonnait leur jonction à l'information judiciaire[19].

21. Le 22 octobre 2020, le Procureur spécial adressait aux juges d'instruction un réquisitoire supplétif aux fins d'élargir l'information à des faits de viols constitutifs de crimes contre l'humanité et de crimes de guerre[20].

22. Du 2 au 4 juillet 2021, les juges d'instruction procédaient, dans le cadre d'un transport sur les lieux effectué à Paoua, aux auditions des victimes de viol en qualité de partie civile[21]. Elles bénéficiaient de mesure de protection et apparaissaient sous les pseudonymes XX, ZZ, OO, AAA, YY et JJ pour le reste de la procédure.

### *B. La procédure devant la Section d'assises*

23. Le 31 octobre 2022, à la suite du Jugement pénal, la Section d'assises renvoyait l'affaire au 4 novembre 2022 afin de statuer sur les intérêts civils.

24. Le 4 novembre 2022, la Section d'assises invitait les parties à déposer leurs mémoires au greffe de la Chambre d'assises avant le 5 décembre 2022 pour la partie civile et avant le 6 janvier 2023 pour la défense et le Procureur spécial[22]. L'audience était renvoyée au 20 janvier 2023[23].

25. Devant la Section d'assises, lors de l'audience sur les intérêts civils, les avocats des parties civiles déposaient un mémoire en date du 19 janvier 2023, énumérant les noms des personnes déjà constituées partie civile, mais également ceux d'autres personnes, notamment des veuves, des orphelins et collatéraux des victimes directes. Les avocats sollicitaient ainsi l'accueil par la Section d'assises de nouvelles demandes de constitution de partie civile concernant certains habitants de Koundjili et de Lemouna[24].

26. Le 20 janvier 2023, Me Manguereka et Me Koy-Dolingbete, avocat de l'accusé Issa Sallet, formulaient chacun une demande de sursis à statuer sur les questions de réparation[25].

---

[19] D-I-84.
[20] DII 205
[21] D-II-236, D-II-237, D-II-238, D-II-239, D-II-240, D-II-241.
[22] Notes d'audience sur les demandes de réparation dans l'affaire Ministère Public contre ISSA SALLET Adoum et consorts du 04 novembre 2022 au 10 mars 2023, pièce n°16 (« Notes d'audience, pièce n°16 »), p.2.
[23] Notes d'audience, pièce n°16, p.2.
[24] Mémoire de Me Manguereka, pour le compte des parties civiles déposé devant la Section d'assises, pièce n°7 (« mémoire du 19 janvier 2023 »), p.6, §§32-33.
[25] Notes d'audience de la Section d'assises en date du 24 juin 2023, p.2.

27. À l'audience du 27 janvier 2023, Me Manguereka se désistait de sa demande de sursis à statuer. Le Président de la Section d'assises fixait au 10 mars 2023 la date du prononcé du jugement sur les intérêts civils[26].

28. Le 3 mars 2023, le Greffe, à travers le service d'aide aux victimes et à la défense (« SAVD »), à la demande de la Section d'assises, versait en procédure un avis sur la nature et l'ampleur des préjudices causés aux parties civiles ainsi que sur l'évaluation des mesures de réparation[27].

29. À l'audience du 10 mars 2023, le Président de la Section d'assises rabattait le délibéré et renvoyait l'affaire sine die pour une nouvelle composition de la Section[28].

30. Le 17 mars 2023, le Procureur spécial interjetait appel de cette décision.

31. Par arrêt n°6 en date du 4 mai 2023, la Chambre d'appel déclarait irrecevable l'appel du Procureur spécial, en raison de l'absence du dépôt de son mémoire. Elle estimait cependant que la décision du 10 mars 2023 était susceptible de faire l'objet d'appel selon les prévisions de l'article 133-B du RPP[29].

32. Par une ordonnance n°001/P.C.ASS.23 du 2 juin 2023, le Président de la Chambre d'assises, prenant acte de la décision de la Chambre d'appel, modifiait la composition de la Section d'assises, et convoquait les parties à l'audience du 12 juin 2023[30].

33. À l'audience du 12 juin 2023, le Président de la Section d'assises reprenait l'audience et mettait l'affaire en délibéré au 16 juin 2023[31].

34. La Section d'assises rendait à cette date le Jugement attaqué[32], déclarant recevables les constitutions des parties civiles :

- Concernant les crimes commis à Koundjili, de : Simplice Bissi, Simon Faya, Patrick Yaou, Désiré Ngoy, Félicité Bissi, Bosco Ndobeletia, Philémon Yaka et Valentin Houtia ;
- Concernant les crimes commis à Lemouna, de : Jean Denis Albert Horo, Lazare Dane, Saturnin Barry, Alphonse Nzouwone, Sylvain Fendingnaroutia[33], Sylvain Haoumi

[26] Notes d'audience, pièce n°16, p.5.
[27] Dossier Section d'assises, pièce n°15.
[28] Notes d'audience, pièce n°16, p.9.
[29] Ch. App, *Issa Sallet et al.*, Arrêt n°6 relatif à l'appel interjeté contre la décision de la Première Section d'Assises sur les intérêts civils rendue le 10 mars 2023, 4 mai 2023, 6-2023, https://www.legal-tools.org/doc/y5fsvp/, §15.
[30] Dossier Section d'assises, pièce n°5.
[31] Notes d'audience sur les demandes de réparation dans l'affaire Ministère Public contre ISSA SALLET Adoum et consorts des 12 et 16 juin 2023, pièce n°34 (« Notes d'audience, pièce n°34 »), p.2.
[32] Notes d'audience, pièce n°34, p.3-5.
[33] Cette orthographe du nom est confirmée par le titre d'identité en côte D-I-78.5. La Chambre d'appel note des variations dans l'orthographe des noms de certaines parties civiles ou victimes. Elle regrette que sur la base des informations disponible dans le dossier, elle n'ait pas pu identifier sans ambiguïté l'orthographe des noms des toutes les personnes.

Belahimi, Hyance Houl, Paulin Pouna, Lévy Zatala, Darlan Ndao, Léo Haomi et Marthe Ngbara ;
- Concernant les viols commis à Koundjili, de : XX, ZZ, OO, AAA, YY et JJ.

35. La Section d'assises rejetait les autres demandes de constitutions de partie civile qu'elle faisait figurer en Annexe A et B de son jugement.

36. La Section d'assises, au fond, condamnait solidairement Issa Sallet, Ousman Yaouba et Mahamat Tahir à payer les dommages intérêts suivants :

- à Alphonse Nzouwone, 600.000 francs CFA ;
- à Sylvain Fendingnaroutia, 600.000 francs CFA ;
- à Sylvain Haoumi Belahimi, 600.000 francs CFA ;
- à Lazare Dane, 200.000 francs CFA ;
- aux ayants droit de Florentin Bissi représentés par Simplice Bissi, la somme de 1.000.000 francs CFA ;
- aux ayants droit de Jean Zahoro représentés par Simon Faya, la somme de 1.000.000 francs CFA ;
- aux ayants droit de Séverin Yaou représentés par Patrick Yaou, la somme de 1.000.000 francs CFA ;
- aux ayants droit de Prosper Ngoy représentés par Désiré Ngoy, la somme de 1.000.000 francs CFA ;
- aux ayants droit de Olivier Yaboutouni représentés par Félicité Bissi, la somme de 1.000.000 francs CFA ;
- aux ayants droit de Jérémie Kembi représentés par Bosco Ndobeletia et Sitérii Guelseratia, la somme de 1.000.000 francs CFA ;
- aux ayants droit de César Toussessekia représentés par Philémon Yaka et Louisette Sagoko, la somme de 1.000.000 francs CFA ;
- aux ayants droit de Basile Houtia représentés par Valentin Houtia, la somme de 1.000.000 francs CFA ;
- aux ayants droit de Chanas Petagor Horo Zozo représentés par Jean Denis Albert Horo, la somme de 1.000.000 francs CFA ;
- aux ayants droit de Bizarre Bari représentés par Saturnin Barry, la somme de 1.000.000 francs CFA ;
- aux ayants droit de Clément Passy représentés par Hyance Houl, la somme de 1.000.000 francs CFA ;
- aux ayants droit de Félicité Zozo représentés par Paulin Houlkaoule, la somme de 1.000.000 francs CFA ;
- aux ayants droit de Christophe Senle représentés par Lévy Zatala, la somme de 1.000.000 francs CFA ;
- aux ayants droit de Justin Woïmayine représentés par Michel Senekoula, la somme de 1.000.000 francs CFA ;
- aux ayants droit de Patrice Nzapele représentés par Médard Haoumi, la somme de 1.000.000 francs CFA ; et
- aux ayants droit de Hubert Ndounga représentés par Ange Mbandoya, la somme de 1.000.000 francs CFA.

37. La Section d'assises condamnait personnellement Issa Sallet à payer les dommages intérêts suivants à :

- ZZ, 1.000.000 francs CFA ;
- AAA, 1.000.000 francs CFA ;
- XX, 700.000 francs CFA ;
- JJ, 700.000 francs CFA ;
- OO, 700.000 francs CFA ;
- YY, 700.000 francs CFA.

38. La Section d'assises faisait droit également à :

- la demande relative à la construction de monuments historiques dans les villages de Lemouna et de Koundjili ;
- la demande de réparation collective sous la forme de construction de deux puits dans chacun des deux villages.

39. La Section d'assises rejetait le surplus des demandes, constatait l'état d'indigence des condamnés, et invitait le greffe à solliciter des financements externes.

### *C. La procédure devant la Chambre d'appel*

40. Les avocats des parties civiles interjetaient appel du jugement le 19 juin 2023[34].

41. Le 19 juillet 2023, les avocats des parties civiles sollicitaient la prolongation du délai de dépôt de leur mémoire d'appel.

42. Par un arrêt n°10 rendu le 21 juillet 2023, la Chambre d'appel autorisait la prolongation de ce délai[35] et ordonnait le dépôt du mémoire des appelants dans un délai de 15 jours expirant le 7 août 2023.

43. Le mémoire d'appel des avocats de parties civiles (« mémoire d'appel ») était déposé conformément à l'arrêt de la Chambre d'appel.

44. Le mémoire d'appel était notifié au Procureur spécial le 7 août 2023, et aux avocats de la défense le 11 août 2023.

45. Le Procureur spécial ne versait aucune écriture en réponse.

46. Les avocats des condamnés ne déposaient aucun mémoire en réponse.

---

[34] Dossier Section d'assises, pièce numéro 32, Acte d'appel, pièce n°33.

[35] Ch. App., Arrêt n°10 relatif à une demande de prolongation de délai du dépôt du mémoire d'appel des parties civiles contre le jugement n°001-2023 rendu par la Première Section d'assises le 16 juin 2023, 21 juillet 2023, 10-2022, https://www.legal-tools.org/doc/5b1cu8/ (« Arrêt n°10 »).

47. Par correspondance en date du 29 septembre 2023, la directrice de l'Institut Francophone pour la Justice et la Démocratie – Institut Louis Joinet (« IFJD ») portait à la connaissance de la Chambre d'appel la disponibilité d'une mesure supplémentaire de réparations pour les victimes de viol. Il s'agit d'un projet baptisé « Nengo » de prise en charge complète, incluant des soins médicaux et psychologiques, des propositions de formation et des mesures de réintégration socio-économique.

48. Le 9 octobre 2023, la Chambre d'appel a invité le SAVD à informer les victimes de ce projet et de recueillir, le cas échéant, leur consentement, les observations des avocats des parties civiles et du chef de l'unité de soutien et de protection des victimes et des témoins de la CPS (« USPVT ») et de fournir les observations du SAVD[36].

49. Les observations des avocats des parties civiles ont été reçues le 13 octobre 2023 par le SAVD[37].

50. Le 19 octobre 2023, le SAVD a transmis à la Chambre d'appel les observations des avocats ainsi celles du SAVD et de l'USPVT et le consentement des victimes XX, ZZ, OO, AAA et JJ ; il a également transmis l'acte de décès de la victime YY et le procès-verbal de la désignation d'une représentante de la défunte lors d'une réunion du conseil de sa famille[38].

## IV. Recevabilité de l'appel

51. L'article 129-E du RPP dispose que les décisions rendues en matière de réparation sont susceptibles d'appel par les parties civiles et le condamné.

52. Les parties civiles ont interjeté appel le 19 juin 2023, soit dans le délai de trois jours, prévu par l'article 134 du RPP.

53. Le mémoire d'appel était déposé conformément à l'Arrêt n°10 de la Chambre d'appel.

54. L'appel est ainsi recevable.

---

[36] Soit-transmis du juge rapporteur au SAVD, 9 octobre 2023.

[37] Lettre de Me Manguereka datée (par erreur) du 12 septembre reçue au SAVD le 13 octobre 2023 ; Rapport SAVD du 19 octobre 2023, p.2.

[38] Observations du SAVD du 19 octobre 2023 et ses annexes.

## V. Analyse des moyens d'appel

55. Le mémoire d'appel présenté par Me Manguereka et Me Bagaza Dini articule deux types de moyen. D'une part, les conseils des parties civiles contestent le Jugement attaqué en ce qu'il a déclaré irrecevables plusieurs constitutions de parties civiles présentées au stade de l'audience de jugement sur les réparations. D'autre part, ils reprochent au Jugement attaqué d'avoir mal évalué les réparations accordées aux parties civiles. Avant d'analyser les moyens présentés, la Chambre d'appel considère opportun de clarifier les conditions de participation de la partie civile dans les procédures devant la CPS et un certain nombre de principes applicables en matière de réparation.

### *A. La participation de la partie civile et les principes applicables en matière de réparation*

#### *1. Le rôle de la partie civile dans la procédure devant la CPS : participation à l'action pénale et réparation des préjudices subis*

56. Selon la Loi organique, la Cour pénale spéciale est compétente pour enquêter, instruire et juger les violations graves des droits humains et les violations graves du droit international humanitaire commis sur le territoire de la République Centrafricaine depuis le 1er janvier 2003[39]. L'article 6 de la Loi organique dispose que la CPS « garantit que les victimes puissent faire valoir leurs droits à toutes les étapes de la procédure, conformément aux dispositions de la Loi organique, du Règlement et d'une manière qui n'est ni préjudiciable aux droits de la défense ni contraire aux exigences d'un procès équitable et impartial ».

57. La Loi organique et le RPP reconnaissent un certain nombre de droits procéduraux aux victimes, notamment le droit d'adresser une plainte soit au Procureur spécial (article 34-3 de la Loi organique et article 63-A du RPP), soit, avec constitution de partie civile, à la Chambre d'instruction (article 40-2 de la Loi organique et article 74 du RPP). Une fois constituées, les parties civiles jouissent de droits procéduraux supplémentaires, qui leurs permettent de participer effectivement à la procédure pénale devant la CPS, que ce soit pendant l'instruction, le procès en première instance ou en appel. Selon l'article 129 du RPP, la partie civile peut également formuler des demandes de réparation, sur lesquelles la section d'assises saisie d'une affaire statue, en cas de condamnation, dans un deuxième jugement portant sur les réparations.

58. Le rôle de la partie civile devant la CPS est ainsi potentiellement double : elle peut déclencher ou se joindre à l'action pénale dans le cadre établi par la Loi organique et le RPP ; et elle peut en outre réclamer des réparations pour le préjudice qu'elle a subi. Ces deux rôles sont

[39] Art. 3 de la Loi organique.

partiellement indépendants l'un de l'autre : une partie civile peut participer à la procédure pénale sans réclamer des réparations.

### 2. *Nature du droit à réparation et sa relation avec l'indemnisation civile*

59. Avant de traiter des conditions de recevabilité de la constitution de partie civile, il convient de clarifier la nature du droit à réparation que la partie civile peut invoquer devant la CPS. La Chambre d'appel rappelle que la procédure pénale centrafricaine reconnait la possibilité d'exercer l'action civile en réparation du dommage causé par un crime, délit ou contravention en même temps et devant la même juridiction que celle saisie de l'action publique[40]. L'action civile devant les juridictions ordinaires centrafricaines est basée sur le droit civil en vigueur en République Centrafricaine, à savoir l'article 1382 du Code Civil français[41].

60. En revanche, la demande en réparation qu'une partie civile peut poursuivre devant la CPS trouve son origine en droit international. La Chambre d'appel conçoit le droit à réparation comme un droit fondamental de la personne humaine[42], largement reconnu en droit international des droits de l'homme[43]. Devant la CPS, le droit des réparations déroge au droit commun de l'indemnisation. Il présente ainsi certaines caractéristiques en particulier tendant à « *garantir la reconnaissance universelle et efficace* des droits des victimes de la criminalité et d'abus de pouvoir »[44]. Le but des mesures des réparations se distingue largement de la simple indemnisation permise par le droit de la responsabilité civile délictuelle. En effet, « [l]e but d'une réparation adéquate, effective et rapide

---

[40] V. article 2 à 4 de la Loi n°10.002 du 6 janvier 2010, Code de procédure pénale centrafricain, https://www.legal-tools.org/doc/a00fcc/ (« CPP »).

[41] En droit centrafricain, le siège de l'action en responsabilité civile délictuelle se trouve dans l'article 1382 du Code civil français applicable au 16 février 1959. En effet, la première constitution de la République Centrafricaine stipule, en son article 45 que « Les lois et règlements antérieurs à la date de la promulgation de la présente Constitution demeurent en vigueur en tout ce qui n'est pas contraire aux dispositions qui précèdent tant qu'ils n'ont pas été abrogés ou modifiés par les autorités competentes ». Pour une application jurisprudentielle, voir par exemple : Cour d'appel de Bangui, ch. correctionnelle, répertoire n°012, Année 2015, 29 juin 2015 : « l'application des dispositions de l'article 1382 du Code civil [constitue] le fondement légal de toute action en réparation d'un quelconque préjudice subi du fait d'un tiers ».

[42] CPI, Ch. prem. inst., *Lubanga*, Décision fixant les principes et procédures applicables en matière de réparations, 7 août 2012, ICC-01/04-01/06-2904-tFRA, https://www.legal-tools.org/doc/b80174/ (« Décision *Lubanga* »), §185 ; *Kaing Guek Eav alias Duch*, Jugement, 26 juillet 2010, E188, https://www.legal-tools.org/doc/611805/ (« Jugement *Duch* « ), §662.

[43] V. notamment Déclaration des principes fondamentaux de justice relatifs aux victimes de la criminalité et aux victimes d'abus de pouvoir, Assemblée générale des Nations Unies, résolution A/RES/40/34, 29 novembre 1985 https://www.legal-tools.org/doc/1a6347/ (« Principes fondamentaux (1985) ») ; Principes fondamentaux et directives concernant le droit à un recours et à réparation des victimes de violations flagrantes du droit international des droits de l'homme et de violations graves du droit international humanitaire, Assemblée générale des Nations Unies, résolution A/RES/60/147, 16 décembre 2005, https://www.legal-tools.org/doc/iyxeko/ (« Principes fondamentaux (2005) »).

[44] Principes fondamentaux (1985), §1. Nous soulignons.

est de promouvoir la justice en remédiant aux violations flagrantes du droit international des droits de l'homme ou aux violations graves du droit international humanitaire »[45].

61. La Chambre d'appel rappelle que, dans une première décision en la matière, la Chambre de première instance de la Cour pénale internationale (« CPI ») a jugé que les réparations ont deux objectifs principaux : elles obligent les responsables de crimes graves à réparer le préjudice qu'ils ont causé aux victimes et elles permettent à la chambre de s'assurer que les criminels répondent de leurs actes[46]. La réparation des crimes internationaux est ainsi une obligation trouvant son origine en droit international qui incombe à l'auteur du crime ou, plus précisément en ce qui concerne les procédures devant la CPS, à la personne condamnée.

62. Le droit international à réparation que la partie civile peut faire valoir contre une personne condamnée devant la CPS coïncide partiellement avec le droit civil centrafricain à être indemnisé pour les dommages causés par un crime sur la base de l'article 1382 du Code Civil. En effet, il existe des différences entre les réparations d'origine internationale et les indemnisations selon le droit civil. Certaines de ces différences sont exposées ci-dessous :

- L'indemnisation du droit civil prend généralement une forme exclusivement pécuniaire, alors que les réparations devant la CPS peuvent inclure « des mesures de formation et d'insertion socioprofessionnelle, des mesures de soins médicaux et psychologiques ou des mesures visant à l'institution d'un fonds de développement agraire ou industriel ou à la mise en place de programmes éducatif » (article 129-B du RPP). Cette liste non exhaustive des mesures en réparation indique que les réparations incluent un aspect transitionnel – dirigé vers un avenir favorable à la paix sociale et à la réconciliation.
- Les juridictions de la CPS statuant sur les demandes de réparation disposent d'un large pouvoir d'appréciation en ce qui concerne les mesures de réparation à ordonner. Elles sont tenues de recueillir les avis notamment des parties civiles (article 129-C du RPP), mais elles ne sont pas liées par les demandes de celles-ci et peuvent ordonner d'autres mesures de réparations que celles demandées par les parties civiles, à condition qu'elles soient adaptées aux préjudices soufferts (article 129-B du RPP).
- Au contraire de l'indemnisation civile, il est possible que les mesures de réparation ordonnées par la CPS soient financées ou effectuées par des tiers, notamment en cas d'indigence de la personne condamnée (article 129-C du RPP).

---

[45] Principes fondamentaux (2005), §15.
[46] Décision *Lubanga*, §174 ; voir aussi en appel : Arrêt *Lubanga*, §§65-66.

63. Il convient de rappeler que la CPS ne statue que sur les réparations trouvant leur origine dans le droit international. Même si des réparations sont ordonnées par la CPS, il demeure ainsi possible pour la victime d'un crime de poursuivre le droit à une indemnisation civile contre la personne condamnée devant les tribunaux civils de droit commun[47].

64. Dans un tel cas, lorsqu'une mesure de réparation accordée par la CPS a pris la forme d'une indemnisation pécuniaire, elle peut être prise en compte par la juridiction ordinaire saisie ultérieurement d'une demande d'indemnisation sur la base de l'article 1382 du Code Civil, notamment quand la personne condamnée s'est déjà acquittée de la somme ordonnée par la CPS. S'il en était autrement, la personne condamnée serait obligée d'indemniser la victime deux fois et la victime recevrait une double compensation pour le même préjudice. En revanche, des mesures non-pécuniaire n'ont généralement pas d'impact sur une éventuelle indemnisation civile ordonnée par une juridiction ordinaire. Autrement dit, des mesures de réparation non-pécuniaires ordonnées par la CPS ne réduisent pas le montant d'une éventuelle indemnisation civile.

### *3. La recevabilité de la constitution de partie civile*

65. Aux termes de l'article 74-A du RPP, « [c]onformément aux dispositions de l'article 40, alinéa 2) de la Loi organique et de l'article 2 du code de procédure pénale, une personne qui se prétend lésée par un crime relevant de la compétence de la Cour peut, en portant plainte, se constituer partie civile devant la Chambre d'instruction ». La Chambre d'appel considère par conséquent que pour être recevable, une demande de constitution de partie civile doit, nécessairement, se composer : de l'identification du requérant (a) ; d'une manifestation expresse de se constituer partie civile (b) ; de l'allégation aussi précise que possible d'un préjudice causé par un crime relevant de la compétence de la CPS et dont la juridiction est saisie (c).

#### a) L'identification de la partie civile

66. Il va de soi que, pour qu'une constitution de partie civile soit valablement déposée, l'identité du requérant doit être établie. La juridiction doit savoir qui participe à la procédure ou demande des mesures de réparation.

67. Cela se fait généralement avec des documents d'identité officiels. Toutefois, en ce qui concerne les moyens pour établir l'identité d'une partie civile, la juridiction peut prendre en

[47] CETC, Ch. Cour suprême, *Kaing Guek Eav alias Duch*, Arrêt, 3 février 2012, No. 001/18-07-2007-ECCC/SC, https://www.legal-tools.org/doc/924439/ (« Arrêt *Duch* »), §668.

compte le contexte et d'éventuelles difficultés pour les victimes d'obtenir des documents officiels[48].

68. De plus, les pièces figurant dans le dossier de l'affaire peuvent être prises en compte par la juridiction pour déterminer la recevabilité de la constitution de partie civile, y compris quand elles sont relatives à l'identité du requérant.

b) Manifestation expresse de la constitution de partie civile

69. Selon l'article 74-B du RPP, la plainte avec constitution de partie civile devant la Chambre d'instruction « doit contenir une manifestation expresse de se constituer partie civile ». Cette exigence s'applique à toute demande de constitution de partie civile, puisque cette constitution confère le statut procédural particulier de partie civile. Toutefois, une « manifestation expresse » n'est pas nécessairement écrite et ne doit pas forcément utiliser les termes juridiques. Il suffit que l'intention de la victime de participer à la procédure en tant que partie disposant de certains droits ou de réclamer des réparations soit clairement exprimé.

70. La constitution de partie civile devant la CPS peut être effectuée par la victime elle-même ou en son nom par une autre personne dûment autorisée par la victime, par exemple un avocat ou un parent. L'autorisation doit être versée en procédure devant la juridiction devant laquelle la constitution de partie civile est effectuée.

c) Allégation d'un préjudice personnel directement causé par un crime relevant de la compétence de la CPS

71. Pour pouvoir se constituer partie civile, un préjudice personnel directement causé par un crime relevant de la compétence de la CPS doit être allégué.

(1) Le crime relève de la compétence de la juridiction saisie

72. Pour se constituer partie civile devant la CPS, le requérant doit se prétendre lésé par un crime relevant de la compétence de cette juridiction. De plus, pour être recevable, la constitution de partie

[48] Décision *Lubanga*, §198 : « Dans le cadre des procédures en réparation, les victimes peuvent utiliser des pièces d'identité officielles ou non officielles, ou tout autre moyen d'identification qui serait reconnu par la Chambre. Si une victime ne peut produire de document acceptable, la Chambre peut accepter une déclaration signée par deux témoins crédibles, établissant l'identité du demandeur et décrivant le lien existant entre la victime et la personne agissant en son nom » ; CPI, Ch. prem. inst., *Katanga*, Ordonnance de réparation en vertu de l'article 75 du Statut Accompagnée d'une annexe publique (annexe I) et d'une annexe confidentielle ex parte réservée au Représentant légal commun des victimes, au Bureau du conseil public pour les victimes, 24 mars 2017, ICC-01/04-01/07-3728, https://www.legal-tools.org/doc/83d6c4/ (« Ordonnance *Katanga* »), §71 ; CPI, Ch. prem. inst., *Ntaganda*, Ordonnance de réparation, 8 mars 2021, ICC-01/04-02/06-2659-tFRA, https://www.legal-tools.org/doc/yfq9cp/ (« Ordonnance *Ntaganda* »), §137.

civile dans une procédure déjà en cours doit être fondée sur un préjudice lié à un crime dont la juridiction est saisie. Par exemple, si la demande de constitution de partie civile est déposée devant une section d'assises, celle-ci doit être saisie du crime en question.

73. Également, si la recevabilité de la constitution de partie civile est préalable à une demande de réparations, la juridiction doit s'assurer que le crime invoqué par la partie civile a fait l'objet d'une condamnation. En d'autres termes, seuls les crimes ayant fait l'objet d'une condamnation peuvent donner lieu à réparation.

(2) L'existence d'un préjudice personnel

74. La jurisprudence de la CPI entend par préjudice, « une blessure, une perte ou un dommage »[49]. La Chambre d'appel estime que les préjudices peuvent être de natures diverses, notamment physiques, psychologiques, matériels ou autres, à condition que la victime en souffre personnellement[50] et qu'il soit lié aux crimes ayant donné lieu à condamnation dans la procédure en question.

75. Selon la jurisprudence de la CPI, pour qu'une personne puisse participer à la procédure ou réclamer des réparations, elle doit avoir souffert d'un préjudice personnellement[51]. Étant donné que le droit à la réparation devant la CPS trouve son origine dans le droit international, la Chambre d'appel considère que cette jurisprudence est également pertinente devant la CPS. Il en découle qu'il n'est pas possible pour un ayant droit d'une victime décédée de se constituer partie civile devant la CPS en invoquant le préjudice subi par la victime décédée : dans une telle situation, le préjudice invoqué par le requérant ne lui serait pas personnel. Il est en revanche possible pour l'ayant droit d'une personne décédé de se constituer partie civile pour le préjudice qu'il subit personnellement en raison du décès de la victime, par exemple le préjudice moral.

(3) Le lien de causalité entre le crime et le préjudice

76. Un lien de causalité unit le crime réprimé et le préjudice allégué. La constitution de partie civile exige que la victime présente un préjudice né de l'infraction constituant l'objet de la procédure devant la CPS ou, en ce qui concerne les réparations, commise par le condamné[52]. La Chambre d'appel estime opportun de concevoir ce lien de causalité comme faisant du crime la « cause directe » du préjudice à réparer[53].

---

[49] Ordonnance *Katanga*, §74.
[50] Ordonnance *Katanga*, §74.
[51] CPI, Ch. app., *Lubanga,* Arrêt relatif aux appels interjetés par le Procureur et la Défense contre la Décision relative à la participation des victimes rendue le 18 janvier 2008 par la Chambre de première instance I, 10 juillet 2008, ICC-01/04-01/06-1432, https://www.legal-tools.org/doc/819953/, §32 ; Arrêt *Lubanga*, §10.
[52] Jugement *Duch*, §642.
[53] Décision *Lubanga*, §250 ; Arrêt *Lubanga*, §§124-129.

d) Le fardeau de la preuve

77. La Chambre d'appel note que la détermination de la recevabilité de constitution de partie civile peut intervenir à différents moments de la procédure (voir aussi ci-dessous[54]). Il va de soi que pendant l'instruction judiciaire, l'existence d'un crime et la responsabilité pénale du suspect ne sont pas encore légalement établies, tandis qu'au moment du jugement sur l'action civile, c'est-à-dire après la condamnation pénale, ces éléments ont été établis, en principe, au-delà de tout doute raisonnable[55]. Il en découle que, suivant la phase de la procédure, l'existence d'un préjudice subi personnellement par le requérant et causé directement par un crime relevant de la compétence de la CPS progresse en certitude.

78. Afin de participer à la procédure lors de l'instruction et au procès, la constitution de partie civile est recevable si l'existence desdits critères est probable. Cette appréciation s'opère sur la base des informations fournies dans la demande de constitution de partie civile et, le cas échéant, le dossier de l'affaire.

79. En ce qui concerne l'appréciation de la recevabilité de la constitution de la partie civile pour les réparations, la preuve doit être faite au point que la section d'assises soit convaincue que les faits allégués par la partie civile dans sa demande en réparation sont établis sur la base de l'hypothèse la plus probable[56].

80. La Chambre d'appel réitère que la charge de la preuve incombe au demandeur. Il lui revient quand il sollicite des réparations de présenter la preuve suffisante de son identité, du préjudice qu'il a subi et du lien de causalité entre ledit préjudice et le crime pour lequel la personne a été reconnue coupable[57]. Les demandes en réparations présentées par les parties civiles s'appuient sur toutes les pièces utiles du dossier pénal, et, le cas échant, sur toutes autres pièces justificatives, soumises au contradictoire[58]. La preuve vise, en outre, à établir la nature et l'ampleur du préjudice sur lequel se fonde la demande en réparation.

---

[54] V. §§126 et seq.
[55] La Chambre d'appel note qu'il est possible qu'une condamnation qui représente la base pour des réparations ordonnées par une section d'assises peut éventuellement être cassée en appel ; dans une telle situation, la Chambre d'appel serait tenue de casser ou de de réformer également le jugement concernant les réparations.
[56] Ordonnance *Katanga*, §50 ; Décision *Lubanga*, §253.
[57] Ordonnance *Katanga*, §45 ; Arrêt *Lubanga*, §88.
[58] Décision *Lubanga*, §252.

*4. Les titulaires de l'action en réparation*

81. La Chambre d'appel a jugé que pour réclamer des réparations, une victime devait se constituer partie civile[59]. Il s'en déduit que seules les parties civiles sont titulaires de l'action en réparation et que les victimes ne s'étant pas constitués ne le sont pas.

82. Une victime non constituée partie civile n'est donc pas recevable à formuler des demandes sur les intérêts civils. Cependant, cela n'exclut pas la possibilité pour des victimes non constituées parties civiles de bénéficier de certaines mesures de réparation, notamment des mesures collectives (voir ci-dessous).

*5. Les mesures de réparation*

a) Les différents types de mesures de réparation

83. Différents types de mesure de réparation peuvent être identifiés. La Cour peut accorder des mesures de réparation individuelle ou des mesures de réparation collective[60]. Elle peut ordonner notamment des indemnisations pécuniaires, des mesures de formation et d'insertion socioprofessionnelle, des mesures de soins médicaux et psychologiques ou des mesures visant à l'institution d'un fonds de développement agraire ou industriel ou à la mise en place de programmes éducatifs[61]. La Chambre d'appel, au terme de cette disposition, rappelle que la liste indiquée n'est pas exhaustive.

84. La Chambre d'appel note également que la CPI, sur le fondement de l'article 75 du Statut de Rome[62], estimait que les réparations pouvaient prendre une ou plusieurs des modalités suivantes, à savoir des mesures de restitution, des mesures d'indemnisation, de réhabilitation ou d'autres formes.[63]

85. Concernant la *restitution*, la CPI a conclu que, « [c]ette forme de réparation devrait, autant que possible, rétablir la victime dans la situation qui était la sienne avant la perpétration du crime » et que, « [l]a restitution a pour objectif de rendre sa vie à une personne, notamment au moyen de son retour dans sa famille, dans sa maison, à son emploi ; de lui assurer une formation continue ; et de faire en sorte que ses biens perdus ou volés lui soient rendus »[64].

---

[59] V. §§74-75.
[60] Art. 129-A du RPP.
[61] Art. 129-B du RPP.
[62] Statut de Rome de la Cour pénale internationale, adopté le 17 juillet 1998 et entré en vigueur le 1 juillet 2002, A/CONF.183/9, https://www.legal-tools.org/doc/j9ja1s/.
[63] Décision *Lubanga*, §222.
[64] Décision *Lubanga*, §§223, 224.

86. Quant à *l'indemnisation* des victimes, elle a noté que, « [l]'indemnisation devrait être envisagée lorsque i) le préjudice économique subi est suffisamment quantifiable ; ii) ce type de réparation est approprié et proportionné (compte tenu de la gravité du crime et des circonstances de l'espèce) ; et iii) les fonds disponibles le permettent » et que, « [l]'indemnisation doit tenir compte des intérêts des deux sexes et les réparations accordées ne devraient pas renforcer les inégalités structurelles ni perpétuer des pratiques discriminatoires »[65].

87. Concernant la *réhabilitation*, la CPI a expliqué qu'elle « doit donner effet au droit des victimes à la réhabilitation dans le respect des principes de non-discrimination, ce qui implique de tenir compte des intérêts des deux sexes et des personnes de tous âges »[66].

88. Comme la Chambre d'appel l'a déjà indiqué ci-dessus, les mesures de réparation peuvent être individuelles ou collectives. Elle souligne que réparations individuelles et collectives ne s'excluent pas mutuellement et peuvent être accordées concurremment[67].

89. Les mesures de réparation, quelles que soient leurs modalités, visent à apporter des réparations appropriées, adéquates et rapides aux parties civiles[68]. Les réparations devraient être proportionnelles aux préjudices, pertes et dommages subis, tels qu'établis par la Cour[69].

b) <u>Les réparations individuelles</u>

90. Selon la jurisprudence de la CPI, « [l]es réparations revêtent un caractère individuel lorsque le bénéfice qui en résulte est directement attribué à l'individu afin de réparer les préjudices qu'il a subis et qui résultent des crimes dont la personne a été reconnue coupable ; la victime se voit octroyer un bénéfice auquel elle a un droit exclusif. Les réparations individuelles devraient être accordées de façon à éviter de créer ou de renforcer des tensions et des divisions au sein des communautés concernées »[70].

91. La Chambre d'appel considère que, en principe, seules les victimes s'étant constituées parties civiles peuvent bénéficier des mesures de réparation individuelle. La CPS ne peut octroyer des réparations individuelles à quelqu'un qui ne les a pas demandées.

---

[65] Décision *Lubanga*, §§226, 227.
[66] Décision *Lubanga*, §232 (note de bas de page omise).
[67] Décision *Lubanga*, §220.
[68] Décision *Lubanga*, §242.
[69] Décision *Lubanga*, §243.
[70] Ordonnance *Ntaganda*, §79 (notes de bas de page omises).

c) Les réparations collectives

92. La Chambre d'appel estime que les réparations collectives présentent l'avantage d'atteindre des objectifs supplémentaires. En particulier dans un système procédural limitant les réparations individuelles aux parties civiles[71], les réparations collectives permettent d'inclure dans les réparations les victimes dont l'identité est actuellement inconnue, qui ne se sont pas constituées parties civiles, ou qui ont été dispersées en raison des crimes[72]. Aptes à répondre autant au préjudice que les victimes ont subi individuellement ou collectivement[73], les réparations collectives devraient tendre à la réconciliation des victimes des crimes visés avec leur famille et toutes les communautés touchées par les faits[74]. Elles sont parfois perçues comme la réponse la plus adaptée aux « contraintes qui sont dues à l'immensité des préjudices »[75].

93. Il n'est pas exclu que des mesures collectives non pécuniaires bénéficient aussi à des personnes qui n'ont pas été victimes du crime en question, à condition que les mesures répondent principalement aux préjudices subis par les victimes. Notamment si ces mesures sont financées par la personne condamnée, le bénéfice aux personnes non-victimes ne doit pas rendre la mesure disproportionnée.

94. La Chambre d'appel considère que les réparations collectives constituent un mode de réparation particulièrement adapté. Les réparations collectives ne devraient que très exceptionnellement revêtir une forme financière.

*6. Les principes à respecter en ordonnant les mesures de réparation*

95. Bien que la section d'assises dispose d'un pouvoir d'appréciation des mesures de réparation, elle doit se conformer à un certain nombre de principes dont les plus importants sont évoqués ci-dessous.

a) Principe de dignité, de non-discrimination et de non-stigmatisation

96. La Chambre d'appel souligne qu'à l'instar de toute procédure, en matière de réparations, toutes les victimes doivent être traitées équitablement, avec humanité et dignité[76]. La Cour doit, entre autre, « tenir compte des besoins de toutes les victimes, en particulier les enfants, les

[71] V. §91.
[72] Décision *Lubanga*, §219.
[73] Décision *Lubanga*, §221.
[74] Décision *Lubanga*, §244.
[75] Jugement *Duch*, §666.
[76] Décision *Lubanga*, §187 ; Arrêt *Lubanga*, §12 ; Ordonnance *Katanga*, §30 ; CPI, Ch. prem. inst., *Al Mahdi*, Ordonnance de réparation, 17 août 2017, ICC-01/12-01/15-236-tFRA, https://www.legal-tools.org/doc/c91dd6/ (« Ordonnance *Al Mahdi* »), §§31, 32 ; Ordonnance *Ntaganda*, §§41-43.

personnes âgées, les personnes handicapées et les victimes de violences sexuelles ou sexistes »[77] et les réparations doivent être accordées « sans distinction défavorable fondée sur le sexe, l'âge, la race, la couleur, la langue, la religion ou la conviction, les opinions politiques ou autres, l'orientation sexuelle, l'origine nationale, ethnique ou sociale, la fortune, la naissance ou toute autre qualité »[78]. Toute nouvelle stigmatisation ou discrimination doit être évitée ; dans la mesure du possible, la réconciliation doit être promue[79].

b) Principe de la réparation adéquate et proportionnée

97. La section d'assises s'assure de prendre des mesures de réparation qui soient adaptées à la nature et à l'ampleur des préjudices subis par les parties civiles provoqués par la commission d'un crime ayant donné lieu à condamnation pénale dans la présente procédure[80]. Les réparations devraient être proportionnelles aux préjudices, pertes et dommages subis, tels qu'établis par la Cour[81]. Aussi souvent que possible, les réparations devraient s'inspirer de la culture et des coutumes locales, à moins que celles-ci ne soient source de discrimination ou d'exclusion, ou n'empêchent les victimes d'exercer leurs droits en toute égalité[82]. La Chambre d'appel estime souhaitable d'orienter les réparations vers des programmes autonomes, afin de permettre aux victimes, à leurs familles et à leur communauté de bénéficier de ces mesures sur le long terme[83]. La réparation doit intervenir rapidement. La situation complexe dans laquelle se trouvent les victimes de violences sexuelles et sexistes doit être prise en compte[84].

c) L'effectivité des mesures de réparation

98. La Chambre d'appel admet que le droit à un recours effectif est également un droit fondamental de la personne humaine. A cet égard, la Chambre d'appel souscrit aux motifs d'une décision prise par une juridiction comparable ayant estimé que « un recours qui aurait pour issue une décision non exécutoire, non obligatoire ou tributaire du pouvoir discrétionnaire de l'exécutif ne saurait être considéré comme effectif »[85].

---

[77] Décision *Lubanga*, §189.
[78] Décision *Lubanga*, §191.
[79] Décision *Lubanga*, §§192-193.
[80] Décision *Lubanga*, §242 ; Arrêt *Lubanga*, §44 ; Ordonnance *Katanga*, §30 ; Ordonnance *Al Mahdi*, §33 ; Ordonnance *Ntaganda*, §§41-43.
[81] CPI, Ch. App. *Lubanga*, Ordonnance de réparation, 3 mars 2015, ICC-01/04-01/06-3129-AnxA-tFRA, https://www.legal-tools.org/doc/401768/ (« Ordonnance *Lubanga* »), §45.
[82] Ordonnance *Lubanga*, §47.
[83] Ordonnance *Lubanga*, §48.
[84] Décision *Lubanga*, §207.
[85] Arrêt *Duch*, §663 citant en note de bas de page 1332 Affaire Band L v. The United Kingdom, Requête n° 36536/02, CEDH, Decision as to the Admissibility, 29 juin 2004, p.9.

99. Par ailleurs, la Chambre d'appel estime qu'une réparation qui, selon toute probabilité, ne pourra jamais être mise en œuvre, c'est-à-dire qui est de fait fictive, irait à l'encontre de l'objectif voulant que la réparation soit effective et serait source de confusion et de frustration pour les victimes[86].

100. De ce fait, la Chambre d'appel considère qu'une section d'assises ne peut pas ordonner des mesures de réparation dont la réalisation n'est pas assurée ou au moins probable. Pour cette raison, en identifiant les mesures de réparation, la section d'assises est tenue de prendre en compte la situation financière du condamné et l'éventuelle disposition de tierces personnes à fournir ou à financer des mesures de réparations. Cela ne veut pas dire que le jugement sur les réparations ne peut intervenir que quand tous les aspects des réparations et leur financement sont arrêtés. Mais la réalisation des mesures de réparations doit être probable. La juridiction statuant sur les réparations peut également décider de rester saisie de certaines demandes jusqu'à leur mise en état d'être jugées. Elle peut également nommer l'un de ses membres pour surveiller la mise en œuvre des mesures de réparations.

d) Le jugement en réparation est prononcé contre le condamné au pénal

101. Rappelant l'article 129-A du RPP, la Chambre d'appel en déduit que la Cour statue sur les demandes de réparation formulées contre le condamné. Par conséquent, d'une part, les parties civiles doivent viser dans leurs demandes les personnes condamnées au terme du procès pénal. D'autre part, le jugement sur les réparations est prononcé, en cas de condamnation aux réparations, contre la ou les personnes pénalement condamnées[87].

102. La Chambre d'appel en conclut que les mesures de réparation sont étroitement liées aux individus dont la responsabilité pénale est établie par une déclaration de culpabilité[88]. Par conséquent, la personne condamnée a l'obligation de réparer le préjudice causé par les crimes dont elle a été déclarée coupable[89].

103. La Chambre d'appel considère en outre que le droit applicable devant la CPS, à la lumière des principes internationaux[90] et de la jurisprudence de la CPI[91], a pour conséquence qu'une

[86] Arrêt *Duch*, §667.
[87] V. par exemple Jugement *Duch*, §661 : « les réparations sont directement et exclusivement à la charge des accusés une fois qu'ils ont été déclarés responsables d'un préjudice dont les parties civiles ont établi qu'il résultait des crimes commis ».
[88] Arrêt *Lubanga*, §65.
[89] Arrêt *Lubanga*, §99.
[90] V. par ex : Principes fondamentaux (1985), § 8 : « Les auteurs d'actes criminels ou les tiers responsables de leur comportement doivent, en tant que de besoin, réparer équitablement, le préjudice causé aux victimes, à leur famille, ou aux personnes à leur charge ».
[91] Arrêt *Lubanga*, §§69-72.

mesure de réparation doit être rendue en toutes circonstances contre la personne reconnue coupable[92]. En d'autres termes, comme en a décidé une juridiction hybride similaire, les réparations sont prononcées contre le condamné et subies par lui personnellement[93].

104. La Chambre d'appel en déduit que la situation d'indigence d'un condamné ne saurait faire obstacle à sa condamnation intégrale aux réparations consécutives aux crimes qu'il a commis[94] car la question de l'indigence est sans rapport avec celle de la responsabilité à l'égard des réparations[95].

105. L'article 129-D du RPP précise, ainsi, que « [l]orsque le condamné est indigent ou si les biens qu'il possède ne sont pas suffisants pour financer l'ensemble des réparations ordonnées, la Section d'assises peut inviter le service d'aide aux victimes et à la défense à solliciter des financements externes ». La Chambre d'appel en conclut quant à la nature juridique de cette « sollicitation » qu'elle ne retranche rien à la responsabilité individuelle des condamnés.

106. La faculté pour des entités tierces – étatique, international ou non étatique – de contribuer à la réalisation de certaines mesures de réparation à la place du condamné est exercée sur une base volontaire. La Chambre d'appel estime par ailleurs ne pas être en mesure d'ordonner aux autorités nationales, ni aux organisations internationales présentes en République Centrafricaine, la réalisation de telles ou telles demandes formulées à leur encontre par les parties civiles[96]. La Chambre d'appel ne peut davantage imposer des obligations à des personnes physiques ou morales qui n'ont pas été parties au procès[97].

107. Nonobstant la considération précédente, la Chambre d'appel souligne que les États peuvent souverainement intervenir en matière de réparation. Leur action volontaire est rappelée par plusieurs textes internationaux. Ainsi en matière d'indemnisation, les Principes fondamentaux (1985) stipulent dans leur paragraphe 12 :

> Lorsqu'il n'est pas possible d'obtenir une indemnisation complète auprès du délinquant ou d'autres sources, les États doivent s'efforcer d'assurer une indemnisation financière :
>
> a) aux victimes qui ont subi un préjudice corporel ou une atteinte importante à leur intégrité physique ou mentale par suite d'actes criminels graves.
>
> b) A la famille, en particulier aux personnes à la charge des personnes qui sont décédées ou qui ont été frappées d'incapacité physique ou mentale à la suite de cette victimisation.

---

[92] Arrêt *Lubanga*, §76.
[93] Arrêt *Duch*, §656.
[94] V. dans le même sens Arrêt *Lubanga*, §103.
[95] Décision *Lubanga*, §174 ; voir aussi en appel : Arrêt *Lubanga*, §105.
[96] V. également Jugement *Duch*, §663.
[97] Jugement *Duch*, §663.

108. En outre, les Principes fondamentaux (2005)[98] stipulent : « Les États devraient s'efforcer de créer des programmes nationaux pour fournir réparation et toute autre assistance aux victimes, lorsque la partie responsable du préjudice subi n'est pas en mesure ou n'accepte pas de s'acquitter de ses obligations ».

e) Engagement des victimes

109. La Chambre d'appel estime que toute procédure en réparation doit associer les victimes. La participation au processus de réparation est entièrement volontaire et le consentement éclairé des bénéficiaires est un préalable nécessaire à l'octroi de réparations, y compris sous forme de participation à un programme de réparation[99]. Elle prend la forme de consultations des parties civiles[100] et, le cas échéant, de victimes non constituées parties civiles, d'associations de victimes ou d'autres tiers détenteurs d'information pouvant éclairer la juridiction. Ces interactions, tenues dans une langue que les interlocuteurs comprennent aisément, empruntent des termes intelligibles. Ces échanges seront prudents, afin d'éviter de nouveaux traumatismes et de gérer avec tact leurs attentes.

f) Ne pas nuire

110. La Chambre d'appel tient le principe consistant à « ne pas nuire » pour un principe internationalement reconnu[101] dans la conduite de la procédure et l'appréciation des mesures de réparation. Au cours de la procédure, il requiert des acteurs de l'humanitaire qu'ils anticipent, surveillent et corrigent tout effet négatif potentiel ou indésirable de leur action. Au moment de se prononcer sur les mesures, la juridiction s'assure que les mesures de réparation elles-mêmes ne nuisent pas. La formulation des principes ci-dessus contribue à garantir le principe consistant à « ne pas nuire » à des populations affectées par les crimes commis.

7. *Procédure pour déterminer les mesures de réparation*

111. La Chambre d'appel considère que la phase des réparations fait partie intégrante du procès[102]. Si effectivement durant la phase d'examen de l'action pénale, l'accent est mis sur la défense et l'accusation, la Cour s'intéresse principalement à ce stade aux victimes des crimes, même si la défense et le Parquet spécial prennent aussi part à la procédure en réparation[103]. À ce titre, la Chambre d'appel déplore que ni les conseils des condamnés ni le Parquet spécial n'aient

[98] Principes fondamentaux (2005), §16.
[99] Ordonnance *Ntaganda*, §49.
[100] Ordonnance *Ntaganda*, §45.
[101] Ordonnance *Ntaganda*, §§50-52.
[102] Décision *Lubanga*, §260, 267.
[103] Décision *Lubanga*, §267.

cru opportun de verser des écritures dans la présente procédure. Les condamnés n'ont proposé aucune contribution aux réparations.

112. Les conseils des parties civiles sont tenus de présenter des demandes de réparation précises, documentées et, selon elles, réalisables. Ils peuvent à cette fin solliciter, par la juridiction de jugement, les services de la Cour afin d'élaborer des projets de mesures de réparation. En ce sens, la Chambre d'appel rappelle une décision selon laquelle :

> La chambre ne peut pas non plus ordonner des mesures dont l'objet n'est ni déterminé ni déterminable et qu'il serait impossible de faire exécuter. Aussi, pour qu'une réparation puisse être accordée, il faut au préalable d'une part indiquer clairement la nature de la mesure sollicitée, d'autre part dire quel est le lien entre le préjudice causé par l'accusé et la mesure destinée à le réparer, et enfin chiffrer le quantum de l'indemnité ou le montant de la réparation demandée à l'accusé afin de pouvoir la rendre effective [104].

113. La section d'assises doit par conséquent déterminer la nature et l'ampleur des préjudices causés aux parties civiles[105].

114. La Chambre d'appel estime que l'évaluation des mesures à prendre prévue à l'article 129-C du RPP, vise à permettre à la juridiction de jugement d'appréhender la réalité des préjudices et des moyens de réparation disponibles, avant de se prononcer dans son jugement sur les réparations, lequel constitue l'unique recours effectif en matière de réparation, mis à la disposition des victimes par le droit applicable devant la CPS.

115. La Chambre d'appel souligne que l'article 129-D du RPP permet à la section d'assises d'inviter le service d'aide aux victimes et à la défense de la CPS à solliciter des financements externes pour les mesures de réparation qu'elle envisage. Compte tenu du principe de l'effectivité des réparations évoqué ci-dessus, cette invitation doit, en principe, avoir lieu avant que la section d'assises ne se prononce sur les réparations.

116. La Chambre d'appel observe que, aux termes de l'article 129-C du RPP, « [a]fin de déterminer la nature et l'ampleur des préjudices causés aux parties civiles et d'évaluer les mesures de réparation à prendre, la Section d'assises peut recueillir les avis des parties civiles, du service d'aide aux victimes et à la défense ainsi que d'autres experts ».

117. Par conséquent, il incombe à la juridiction saisie des demandes en réparation de mettre en état les demandes, et notamment de recueillir les demandes motivées des parties civiles, d'en vérifier la faisabilité y compris technique par les services compétents, et le financement, avant de se prononcer.

---

[104] Jugement *Duch*, §665.
[105] Ordonnance *Katanga*, §74.

*8. La structure de la décision sur les réparations*

118. Afin de rendre un jugement sur les réparations clair et facile à comprendre, il convient pour une section d'assises d'adopter la structure suivante :

a. Le rappel de la procédure ;
b. Le rappel des condamnations pénales prononcées contre les personnes condamnées ;
c. La décision sur la recevabilité des parties civiles ;
d. L'analyse du bienfondé des demandes en réparation (discussion du préjudice, du lien de causalité avec les crimes condamnés, des éléments de preuves disponibles, et de la nature et de l'ampleur des réparations demandées) ;
e. La détermination des mesures de réparation ;
f. Le dispositif.

***B. Moyen d'appel relatif au droit des victimes de se constituer partie civile après l'ordonnance de clôture***

*1. Résumé des conclusions de la Section d'assises*

119. La Section d'assises, dans le Jugement attaqué, a déclaré recevable la constitution de partie civile de :

- Simplice Bissi,
- Simon Faya,
- Patrick Yaou,
- Désiré Ngoy,
- Félicité Bissi,
- Bosco Ndobeletia,
- Philémon Yaka et
- Valentin Houtia, ainsi que de
- XX,
- ZZ,
- OO,
- AAA,
- YY, et
- JJ

pour les crimes survenus à Koundjili (donc 14 personnes au total, dont les 6 victimes de viol) ; et de

- Jean Denis Albert Horo,
- Lazare Dane,
- Saturnin Barry,
- Alphonse Nzouwone,
- Sylvain Fendingnaroutia,

- Sylvain Haoumi Belahimi,
- Hyance Houl,
- Paulin Pouna,
- Lévy Zatala,
- Darlan Ndao,
- Léo Haomi et
- Marthe Ngbara

pour les crimes survenus à Lemouna (donc 12 personnes au total)[106].

120. La Section d'assises a rejeté « les constitutions de parties civiles faites devant la Section d'assises, lesquelles sont reprises dans l'Annexe A et l'Annexe B du présent jugement, ainsi que les constitutions de partie civile pour les revendiqués faits de vol et de pillage »[107]. En ce qui concerne le rejet des constitutions de parties civiles faites devant la Section d'assises, la Section d'assises a expliqué qu'elle estime qu'une lecture de l'article 63 du RPP ainsi que de l'article 40 de la Loi organique et de l'article 74 du RPP révèle que la constitution de partie civile après la clôture de l'instruction judiciaire est exclue[108].

### 2. *Arguments des parties civiles*

121. Les conseils des parties civiles reprochent au Jugement attaqué d'avoir considéré que seules sont recevables les constitutions de partie civile introduites dans les formes et les délais légaux[109], c'est-à-dire, selon le Jugement attaqué, au cours de l'instruction.

122. Les conseils contestent ainsi l'interprétation de la Section d'assises ayant estimé que les textes de la CPS excluent la constitution de partie civile après la clôture de l'information[110]. Ils relèvent d'ailleurs que les six victimes de viols ne se sont jamais formellement constituées parties civiles alors qu'elles sont pourtant admises comme telles par la Section d'assises[111], au motif que l'article 74-D du RPP ne prévoit pas de formalité particulière de constitution de partie civile au cours de l'instruction[112].

123. Ils invoquent en outre certaines résolutions des Nations Unies protégeant « le droit au recours et à réparation des victimes de violation flagrante du droit international des droits de l'homme et de violations graves du droit international humanitaire »[113]. Ils soutiennent encore que l'article 2 du CPP dispose que l'action civile en réparation du dommage causé par un crime

[106] Jugement attaqué, p.39.
[107] Jugement attaqué, p.39.
[108] Jugement attaqué, §121.
[109] Mémoire d'appel, p.7.
[110] Mémoire d'appel, p.8.
[111] Mémoire d'appel, p.7.
[112] Mémoire d'appel, p.7.
[113] Mémoire d'appel, p.9.

appartient à tous ceux qui ont souffert du dommage directement causé par l'infraction[114]. Ils rappellent enfin que l'article 6 du RPP garantit que les victimes puissent faire valoir leurs droits à toutes les étapes de la procédure[115]. Ils soulignent les circonstances de fait ayant empêché les parties civiles d'exercer leur droit à recours et réparation[116] et le défaut de sensibilisation et d'information des victimes sur le terrain[117].

124. Les conseils des parties civiles demandent à la Chambre d'appel d'accueillir comme parties civiles les demandes provenant d'habitants des villages de Koundjili et Lemouna rejetées par le Jugement attaqué et figurant en ses annexes A et B, reproduites dans le mémoire d'appel[118].

### 3. *Analyse et conclusion*

125. La Chambre d'appel examinera d'abord si la constitution de partie civile n'est possible que durant l'information judiciaire (a), avant d'examiner la décision de la Section d'assises sur la recevabilité des parties civiles (b). Enfin, la Chambre d'appel procèdera à son propre examen de la recevabilité des parties civiles (c).

#### a) Sur le moment de la constitution de partie civile

126. Dans un premier temps, la Chambre d'appel rappelle que la Section d'assises estime que le RPP prévoit deux possibilités de se constituer partie civile devant la CPS[119], soit la voie de l'article 63 du RPP et celle de l'article 74 du RPP. Pour les raisons exposées ci-dessous, elle en déduit à tort que les textes de la CPS excluent la constitution de partie civile après la clôture de l'information.

127. En effet, la Chambre d'appel, concernant l'article 63 du RPP, considère que la plainte évoquée par ce texte consiste dans l'information adressée par une personne se prétendant lésée au Procureur spécial de la commission d'un crime susceptible d'entrer dans la compétence de la CPS. Cette dénonciation n'a aucun effet sur le déclenchement de l'action publique et par conséquent aucun effet non plus sur l'action civile et la défense de ses intérêts par un particulier.

128. La Chambre d'appel souligne que la différence majeure entre la plainte simple de l'article 63 et la plainte avec constitution de partie civile de l'article 74 du RPP consiste justement dans le fait que cette dernière « doit contenir une manifestation expresse de se constituer partie civile »[120].

---

[114] Mémoire d'appel, p.8.
[115] Mémoire d'appel, p.9.
[116] Mémoire d'appel, p.9.
[117] Mémoire d'appel, p.9.
[118] Mémoire d'appel, p.7, p.10-16.
[119] Jugement attaqué, §120.
[120] Art. 74-B du RPP.

La plainte et la plainte avec constitution de partie civile constituent donc deux actions distinctes laissées à la discrétion des victimes, ainsi que l'expose clairement l'article 56 du CPP. La plainte avec constitution de partie civile ne peut donc pas intervenir devant le Procureur spécial mais auprès de la Chambre d'instruction, pour déclencher l'ouverture d'une information judiciaire ou s'y joindre si une information est déjà ouverte.

129. La Chambre d'appel constate qu'aucune disposition du RPP n'exclut la possibilité de se constituer partie civile plus tard dans la procédure.

130. La Chambre d'appel observe de surcroît que l'article 6 du RPP dispose que :

> La Cour garantit que les victimes puissent faire valoir leurs droits à toutes les étapes de la procédure, conformément aux dispositions de la Loi organique, du Règlement et d'une manière qui n'est ni préjudiciable aux droits de la défense ni contraire aux exigences d'un procès équitable et impartial.

Elle rappelle d'autre part que la lecture combinée des articles 221 et 164 du CPP autorise l'intervention des victimes devant la cour criminelle aux fins de se constituer partie civile.

131. La Chambre d'appel observe, en outre, que la nature inquisitoire de la procédure pénale, en particulier le caractère secret de l'instruction, les difficultés, pour les victimes résidant à Koundjili, Lemouna ou ailleurs, à s'informer sur leurs droits, rencontrer un conseil et, le cas échéant, se constituer partie civile dans une procédure centralisée à Bangui, militent également pour une interprétation du RPP permettant la constitution de la partie civile à l'audience de jugement des intérêts civils.

132. L'article 129-A du RPP autorise d'ailleurs une telle approche en disposant que « [a]près s'être prononcée sur l'action publique, la Section d'assises statue sur les demandes de réparation contre le condamné et ce, après avoir entendu les parties civiles, le condamné et le Procureur ». L'article 3 du CPP dispose en outre que « [l]'action civile peut être exercée en même temps que l'action publique ». Cette faculté signifie implicitement que l'action civile peut également être exercée à la suite de l'action pénale.

133. La Chambre d'appel se déclare également consciente du poids que représente pour la juridiction l'examen de la recevabilité de très nombreuses parties civiles, dans des dossiers de criminalité massive, au moment où son attention est entièrement retenue par les charges portées contre l'accusé. Afin de concilier les articles 6 et 129 du RPP, notamment eu égard aux droits de la défense, particulièrement celui à être jugé des accusations portées contre soi dans un délai raisonnable, et l'exigence du bon fonctionnement de l'institution judiciaire, la Chambre d'appel estime que la section d'assises peut décider, au cas par cas, que les victimes non constituées parties

civiles au moment de la délivrance de l'ordonnance de mise en accusation sont recevables à se joindre à la procédure exclusivement après jugement sur l'action pénale, lors de l'examen de la procédure sur les intérêts civils. Autrement dit, dans une telle situation, les victimes pourraient faire valoir leur droit à une réparation, mais ne participeront pas au procès pénal.

134. La Chambre d'appel en conclut que, contrairement à ce qu'a considéré la Section d'assises, la constitution de partie civile à l'audience de jugement des intérêts civils est conforme au RPP et ne vient pas enfreindre les droits de la défense.

b) Sur l'examen de la recevabilité des constitutions de partie civile par la Section d'assises

135. Pour se déterminer sur la recevabilité des constitutions de partie civile, la Section d'assises s'appuie dans son raisonnement[121] sur les articles 63-B, 74-A, -B, -C et -D du RPP et les articles 2, 3 alinéa 2 et 56 à 60 du CPP. La Chambre d'appel a déjà jugé plus haut[122] que l'article 63 du RPP, ne traitant que des plaintes simples, n'éclaire pas le régime des plaintes avec constitution de partie civile, lesquelles sont effectivement traitées à l'article 74 du RPP et aux articles 2, 3, 56 à 60 du CPP.

136. Selon la Section d'assises, « [en] prenant en compte les périodes de dépôt des constitutions de partie civile et les modalités selon lesquelles elles ont été faites, ainsi que la chambre devant laquelle elles ont été déposées, la Section relève qu'il y a trois sortes de demandes de la part des avocats défendant les intérêts des victimes »[123]. Elle distingue ensuite la recevabilité des parties constituées pendant l'instruction, les victimes de viols constituées parties civiles soi-disant non formellement déclarées, et les demandes de constitution des parties civiles faites à l'audience de jugement.

(1) Sur la recevabilité des constitutions de partie civile formées pendant l'instruction

137. Concernant, premièrement, les constitutions de partie civile formées pendant l'instruction, « la Section d'assises considère que ces constitutions de partie civile ont été faites dans les formes et délais légaux et, de surcroît, n'ont pas été contestées par aucune des parties. Il y a lieu par conséquent de les déclarer recevables »[124].

138. En se prononçant ainsi la Section d'assises a commis une erreur. La Chambre d'appel considère en effet que ni le fait pour un plaignant d'avoir été reçu comme partie civile au cours de

[121] Jugement attaqué, §111.
[122] V. §127 ; Jugement attaqué, §106.
[123] Jugement attaqué, §106.
[124] Jugement attaqué, §113 ; v. également §112 et 117.

l'instruction, ni l'absence de contestation par la défense ou le Parquet spécial n'exempte la Section d'assises de procéder à l'examen de la recevabilité des parties civiles quand elle statue sur la question des réparations. En effet, la Chambre d'appel considère qu'il incombait à la Section d'assises de vérifier et d'apprécier, souverainement mais à charge d'appel, la recevabilité des parties civiles, conformément à l'article 129 du RPP, avant d'identifier et d'ordonner des mesures de réparation. En outre, comme la Chambre d'appel l'a déjà exposé ci-dessus, au cours de la procédure, l'étendue de la saisine de la juridiction pénale ayant pu varier, la recevabilité de la constitution de partie civile au moment des réparations n'est pas la même que durant l'instruction[125].

(2) Sur la recevabilité des constitutions de partie civile des victimes de viols

139. Concernant, deuxièmement, la recevabilité des constitutions de partie civile des victimes de viols, la Section d'assises note qu'elles n'ont été identifiées qu'au cours de l'information judiciaire et que la stigmatisation possible en raison des crimes qu'elles ont subis, justifie que leurs déclarations devant les magistrats instructeurs soient tenues pour équivalentes à « des manifestations pour demander réparation »[126]. Allant plus loin, « [e]n l'espèce, la Section considère qu'il y a constitution de partie civile à partir du moment où le Cabinet d'instruction a considéré et traité les victimes des violences sexuelles comme des parties civiles en les faisant bénéficier des dispositions des articles 75 et 76 du RPP sur l'assistance de la partie civile et la possibilité laissée à cette dernière de participer à la procédure »[127].

140. À nouveau, la Chambre d'appel considère que la Section d'assises ne peut abandonner aux magistrats instructeurs l'examen de la recevabilité des constitutions des parties civiles au moment de se prononcer sur les mesures de réparation.

(3) Sur la recevabilité des constitutions de partie civile constituées à l'audience

141. Concernant, troisièmement, la considération de la Section d'assises selon laquelle les textes excluent la constitution de partie civile après la clôture de l'information[128], la Chambre d'appel a déjà jugé qu'il s'agissait d'une erreur de droit[129]. Au contraire, la constitution de partie civile à l'audience de jugement des intérêts civils, est conforme au RPP.

[125] V. §§77-80.
[126] Jugement attaqué, §115.
[127] Jugement attaqué, §116.
[128] Jugement attaqué, §121
[129] V. §138.

c) Détermination par la Chambre d'appel de la recevabilité des constitutions de partie civile

142. La Chambre d'appel a jugé que la détermination de la recevabilité des constitutions de partie civile par la Section d'assises a été entachée de plusieurs erreurs de droit. Il relève ainsi de la responsabilité de la Chambre d'appel de déterminer elle-même leur recevabilité.

143. Devant la Section d'assises, les conseils des parties civiles ont soutenu qu'ils représentent au total 44 parties civiles (lesquelles représentent également d'autres victimes des crimes à Koundjili et Lemouna)[130]. Pourtant, les mémoires des conseils ne permettent pas d'identifier clairement ces 44 parties civiles : ni les écritures des conseils ni les annexes jointes ne donnent cette information sans ambigüité. Le mémoire d'appel ne clarifie pas ce point non plus.

144. L'analyse de la recevabilité des parties civiles par la Chambre d'appel est basée sur les pièces pertinentes dans le dossier de l'affaire. La Chambre d'appel rappelle qu'elle a déjà identifié ci-dessus[131] les critères de recevabilité de la constitution de partie civile.

(1) Identification de la partie civile et manifestation expresse de la volonté de se constituer partie civile

145. La Chambre d'appel rappelle que pour être recevable, l'identité de la partie civile doit être établie, et celle-ci doit exprimer une manifestation expresse de la volonté de se constituer partie civile, soit par la victime elle-même, soit par une personne dûment autorisée par celle-ci[132]. Bien qu'il s'agisse de deux critères distincts, il convient de les traiter ensemble dans le cas d'espèce.

146. Concernant l'expression manifeste de la volonté de se constituer partie civile, la Chambre d'appel considère qu'elle doit être faite devant la juridiction compétente. Ainsi, l'expression d'un désir d'être dédommagé ou d'une intention de se constituer partie civile faite, par exemple, pendant l'audition d'un témoin lors de l'enquête préliminaire[133] ne constitue pas une manifestation expresse de la constitution de partie civile.

147. Après l'analyse du dossier, la Chambre d'appel a identifié trois instances de manifestation expresse de la volonté de constitution de partie civile, à savoir les deux plaintes avec constitution de partie civile des 6 et 11 mars 2020 (D-I-52.3 et D-I-51.3) et le mémoire déposé le 19 janvier 2023 devant la Section d'assises (pièce nº 7 de la procédure devant la Première section d'assises), qui a été complété le 26 janvier 2023 (pièce nº 9 de la procédure devant la Première section d'assises).

[130] Mémoire du 19 janvier 2023 (pièce no. 7), §7.
[131] V. §§65-80.
[132] V. §§69-70.
[133] V. par exemple pièce D-II-52.

148. Ces documents ont été signés par Me Manguereka. Il convient alors de déterminer s'il a été dûment autorisé à déposer une constitution de partie civile.

149. Il ressort du dossier que les victimes mentionnées dans les plaintes avec constitution de partie civile du 6 et 11 mars 2020 ont toutes signé un mandat judiciaire au profit de Me Manguereka[134]. Quant aux victimes de viol, lors de leurs auditions par le Cabinet d'instruction, elles ont toutes été assistées par Me Manguereka et ont confirmé leur volonté qu'il défende leurs intérêts[135]. Cependant, pour les autres victimes mentionnées dans le mémoire du 19 janvier 2023, la Chambre d'appel n'a pas trouvé au dossier un mandat judiciaire autorisant les avocats des parties civiles.

150. Ainsi, la Chambre d'appel limitera la suite de son analyse aux victimes pour lesquelles Me Manguereka a valablement manifesté la volonté de se constituer partie civile. Il s'agit de :

- Simplice Bissi,
- Simon Faya,
- Patrick Yaou,
- Ngoy Désiré,
- Félicité Bissi,
- Bosco Ndobeletia,
- Philémon Yaka et
- Valentin Houtia, ainsi que de
- XX,
- ZZ,
- OO,
- AAA,
- YY, et
- JJ

pour les crimes survenus à Koundjili ; et de

- Jean Denis Albert Horo,
- Lazare Dane,
- Saturnin Barry,
- Alphonse Nzouwone,
- Sylvain Fendingnaroutia,
- Sylvain Haoumi Belahimi,
- Hyance Houl,
- Paulin Pouna,
- Lévy Zatala,
- Darlan Ndao,

[134] Simplice Bissi : D-I-56.3 ; Simon Faya : D-I-57.3; Patrick Yaou: D-I-58.3; Désiré Ngoy : D-I-59.3; Félicité Bissi: D-I-60.3 ; Bosco Ndobeletia : D-I-61.3 ; Philémon Yaka : D-I-63.3 ; Valentin Houtia : D-I-62.3 ; Jean Denis Albert Horo : D-I-82.1 ; Lazare Dane : D-I-81.1 ; Saturnin Barry : D-I-80.1 ; Alphonse Nzouwone : D-I-79.3 ; Sylvain Fendingnaroutia : D-I-78.1 ; Sylvain Haoumi Belahimi : D-I-77.1 ; Hyance Houl : D-I-76.2 ; Paulin Pouna : D-I-75.4 ; Lévy Zatala : D-I-74.3 ; Darlan Ndao : D-I-73.2 ; Médard Haomi : D-I-72.3 ; Freddy Mbandoya : D-I-71.3 ; Jules Calvaire Gompoule : D-I-70.3.

[135] V. D-II-236.1 ; D-II-237.1 ; D-II-238.1 ; D-II-239.1 ; D-II-240.1 ; D-II-241.1.

- Médard Haomi,
- Freddy Mbandoya et
- Jules Calvaire Gompoule

pour les crimes survenus à Lemouna.

151. La Chambre d'appel note que cette liste correspond largement à la liste des parties civiles déclarées recevables par la Section d'assises, mais Médard Haomi, Freddy Mbandoya et Jules Calvaire Gompoule n'y figuraient pas, tandis que Léo Haomi et Marthe Ngbara y figuraient. Quant à ces derniers, la Chambre d'appel n'a pas pu identifier une manifestation expresse de constitution de partie civile, ni de mandat judiciaire au profit de Me Manguereka.

152. Quant à l'identification des requérants, la Chambre d'appel note que dans le dossier de l'affaire figurent pour la plupart d'entre eux des copies d'une pièce d'identité[136]. Certains autres ont été auditionnés pendant l'instruction judiciaire ou devant la Section d'assises, ce qui implique que leur identité a été vérifiée par une instance judiciaire[137].

153. Pour quatre requérants – à savoir MM. Saturnin Barry, Hyance Houl, Médard Haomi et Freddy Mbandoya – la Chambre d'appel n'a pas pu confirmer leur identité ; leur constitution de partie civile est ainsi irrecevable et ils sont exclus de la suite de l'analyse.

154. La Chambre d'appel a été informée que la victime sous l'identité YY est décédée le 17 novembre 2022[138]. Un acte de décès figure en procédure. Vu son décès, l'action en réparation de la victime YY s'est éteinte et sa constitution de partie civile est irrecevable.

(2) Un préjudice personnel directement causé par un crime relevant de la compétence de la CPS

155. Concernant Alphonse Nzouwone, Sylvain Fendingnaroutia, Sylvain Haoumi Belahimi, Lazare Dane, la Chambre d'appel rappelle qu'ils ont été victimes de tentative de meurtre. La Chambre d'appel rappelle également que XX, ZZ, OO, AAA et JJ ont été reconnues victimes de viol. Leurs demandes en réparation se fondent donc sur un préjudice personnel direct causé par un crime relevant de la compétence de la cour.

156. Concernant les autres victimes ci-dessus mentionnées, elles excipent d'un préjudice lié à la perte d'un membre de leur famille. La Chambre d'appel conçoit aisément que le décès d'un parent

---

[136] Simplice Bissi : D-I-52.6 ; Simon Faya : D-I-52.7 ; Patrick Yaou : D-I-52.8 ; Ngoy Désiré : D-I-52.9 ; Félicité Bissi : D-I-52.10 ; Bosco Ndobeletia : D-I-52.11 ; Philémon Yaka : D-I-52.5 ; Valentin Houtia : D-I-52.4 ; Jean Denis Albert Horo : D-I-51.5 ; Lazare Dane : D-I-81.4 (difficilement lisible) ; Sylvain Fendignaroutia : D-I-51.7 ; Sylvain Haoumi Belahimi : D-I-51.8.

[137] Paulin Pouna : D-I-11 ; Lévy Zatala : D-I-12 ; Darlan Ndao : D-II-87 ; Jules Calvaire Gompoule : D-I-27 ; Alphonse Nzouwone : D-I-6, D-II-11, D-II-89.

[138] Rapport SAVD du 19 octobre 2023, annexe : acte de décès du 19 octobre 2023.

dans les circonstances violentes comme celles de l'attaque des villages de Koundjili et de Lemouna constitue un préjudice direct, au moins de nature morale, causé par un crime relevant de la compétence de la Cour.

157. Ainsi, les constitutions de partie civile des personnes suivantes sont recevables :

- Simplice Bissi,
- Simon Faya,
- Patrick Yaou,
- Désiré Ngoy,
- Félicité Bissi,
- Bosco Ndobeletia,
- Philémon Yaka et
- Valentin Houtia, ainsi que de
- XX,
- ZZ,
- OO,
- AAA, et
- JJ

pour les crimes survenus à Koundjili ; et de

- Jean Denis Albert Horo,
- Lazare Dane,
- Alphonse Nzouwone,
- Sylvain Fendingnaroutia,
- Sylvain Haoumi Belahimi,
- Paulin Pouna,
- Lévy Zatala,
- Darlan Ndao et
- Jules Calvaire Gompoule

pour les crimes survenus à Lemouna.

### *C. Moyens d'appel relatifs aux mesures de réparation ordonnées par la Section d'assises*

158. Les avocats des parties civiles contestent les mesures de réparation ordonnées par la Section d'assises, à la fois concernant les mesures individuelles et les mesures collectives.

### *1. Moyens d'appel portant sur les réparations individuelles*

#### a) Les survivants des tentatives de meurtre

##### (1) Résumé des conclusions de la Section d'assises

159. La Section d'assises a ordonné aux trois condamnés de payer à Alphonse Nzouwone, Sylvain Fendingnaroutia et Sylvain Belahimi la somme de 600.000 francs CFA chacun[139]. Selon la Section d'assises, les trois victimes ont été ligotées par les assaillants à Lemouna. Ils ont survécu au massacre commis dans ce village et en portent toujours des séquelles. Alphonse Nzouwone a également reçu une balle au fémur droit[140]. La Section d'assises a accordé la somme de 200.000 francs CFA à Lazare Dane, qui a également survécu au massacre[141].

##### (2) Arguments des parties civiles

160. Les avocats des parties civiles soutiennent que la Section d'assises a omis d'accorder des indemnisations à la cinquième victime survivante, Patrice Nzouwone ; ils font valoir qu'ils avaient également formulé une demande de sa part, qu'ils répètent devant la Chambre d'appel[142].

161. Les avocats des parties civiles réitèrent également leurs demandes en ce qui concerne le montant d'indemnisation, réclamant la somme de 3.000.000 francs CFA pour Sylvain Balahimi, qui aurait reçu une balle à la jambe droite, la somme de 15.000.000 francs CFA pour Alphonse Nzouwone, qui ne pourrait plus exercer d'activités, la somme de 3.000.000 francs CFA pour Sylvain Fendingnaroutia, qui aurait reçu une balle à la main, et la somme de 2.000.000 francs CFA chacun pour Patrice Nzouwone et Lazare Dane, pour leur préjudice moral[143].

##### (3) Analyse de la Chambre d'appel

162. En ce qui concerne l'omission de la Section d'assises d'accorder une indemnisation à Patrice Nzouwone, la Chambre d'appel rappelle que sa constitution de partie civile ne figure pas parmi celles jugées recevables[144]. Étant donné que des indemnisations individuelles ne peuvent être ordonnées qu'au profit des parties civiles valablement constituées[145], la Section d'assises n'a pas commis d'erreur en ne lui accordant pas d'indemnisation.

163. En ce qui concerne le montant des réparations accordées par la Section d'assises, la Chambre d'appel rappelle que la Section d'assises dispose d'une marge d'appréciation dans la détermination des mesures de réparation appropriées. En soi, les sommes accordées par la Section d'assises ne

[139] Jugement attaqué, p.39.
[140] Jugement attaqué, §51
[141] Jugement attaqué, p.39.
[142] Mémoire d'appel, p.17.
[143] Mémoire d'appel, p.17.
[144] V. §157.
[145] V. §91.

semblent pas être entièrement déraisonnables. La Chambre d'appel considère également que la réalisation de ces mesures de réparation individuelle semble probable, vu les ressources disponibles. Les arguments des avocats des parties civiles sont ainsi rejetés.

b) Victimes de viol

(1) Résumé des conclusions de la Section d'assises

164. La Section d'assises a condamné Issa Sallet Adoum à payer aux victimes de viol ZZ et AAA, qui étaient mineures au moment des faits, la somme de 1.000.000 francs CFA chacune et aux victimes XX, JJ, OO et YY la somme de 700.000 francs CFA[146]. Pour motiver sa décision, la Section d'assises a noté les différents types de préjudice subis par les victimes (matériel : perte des sources de revenus, arrêt des études scolaires, impossibilité pour des raisons morales d'exercer son activité principale, abandon par son concubin...[147] ; préjudice corporel : violences physique, douleurs aigues et saignement...[148] ; préjudice psychologique : troubles psychique sévère, stigmatisation sociale...[149]).

(2) Arguments des parties civiles

165. En appel, les avocats des parties civiles soutiennent que les sommes accordées sont insuffisantes pour réparer le préjudice subi par les victimes de viol et reprochent à la Section d'assises d'avoir omis de vérifier au cas par cas les besoins de chaque victime ; ils réitèrent leur demande d'une indemnisation de 20.000.000 francs CFA par victime[150].

(3) Analyse de la Chambre d'appel

166. La Chambre d'appel rappelle que la Section d'assises, en identifiant et en ordonnant des mesures de réparation, dispose d'une marge d'appréciation. Les sommes accordées aux victimes de viol ne semblent pas entièrement déraisonnables et une intervention de la Chambre d'appel pour les réévaluer n'est pas justifiée.

167. Quant à l'argument selon lequel la Section d'assises aurait dû vérifier au cas par cas les préjudices subis par chaque victime, la Chambre d'appel considère que la Section d'assises peut décider d'accorder des sommes forfaitaires. Dans ce cas, il n'est pas nécessaire d'analyser en détail les préjudices de chaque victime. Par ailleurs, la motivation donnée par la Section d'assises permet de s'assurer qu'elle s'est suffisamment informée des préjudices subis par les victimes de viol. La Chambre d'appel considère également que les sommes accordées ne sont pas entièrement

[146] Jugement attaqué, p.40.
[147] Jugement attaqué, §47.
[148] Jugement attaqué, §50.
[149] Jugement attaqué, §§54, 55.
[150] Mémoire d'appel, p.17-18.

déraisonnables et que la réalisation de ces mesures de réparation individuelle semble probable, vu les ressources disponibles. L'argument est ainsi rejeté.

168. Concernant la victime YY, la Chambre d'appel rappelle qu'elle a été informée du décès de celle-ci en date de 17 novembre 2022. Sa constitution de partie civile a ainsi été déclarée irrecevable[151]. En conséquence, la Chambre d'appel ne peut prononcer des mesures de réparation la concernant.

169. Au cours de la procédure, la disponibilité d'une mesure supplémentaire de réparations pour les victimes de viol a été portée à la connaissance de la Chambre d'appel. Il s'agit d'un projet baptisé « Nengo » de prise en charge complète, incluant des soins médicaux et psychologiques, des propositions de formation et des mesures de réintégration socio-économique.

170. La Chambre d'appel a invité le SAVD à informer les victimes de ce projet. Les victimes ont ensuite consenti à bénéficier de ce programme. La Chambre d'appel a également sollicité les observations des conseils des parties civiles, de l'USPVT et le SAVD.

171. Les avocats des parties civiles ont accueilli « très favorablement » ce projet[152]. Ils expriment cependant[153] le souhait d'être associés à tous les stades d'exécution de ce projet, d'être informés de son état d'avancement, de créer un organe de suivi du projet, d'impliquer les associations de victimes des villages de Koundjili et Lemouna dans ce projet.

172. Dans son rapport[154], l'USPVT recommande à la Chambre d'appel de lever en tout ou partie, « par ordonnance judiciaire », les mesures de protection dont les victimes bénéficient « afin de permettre aux partenaires externes d'interagir avec ces dernières et, au besoin d'encadrer la décision par des garde-fous bien précis et clairs après évaluation des risques ».

173. Le SAVD se déclare également favorable au projet « Nengo »[155]. Il formule quelques réserves, notamment concernant la faculté de faire bénéficier les victimes de soins à Bangui compte tenu des trajets éventuels et d'un éventuel risque de « déracinement ». Il suggère la mise en place d'un comité de suivi et un plan détaillé d'accompagnement des mesures ainsi qu'une stratégie de communication afin de ne pas opposer les victimes entre elles.

174. Concernant les souhaits exprimés par les avocats d'être associés au projet de réparations, la Chambre d'appel rappelle les principes généraux dégagés plus haut, en particulier le principe de

---

[151] V. §154.
[152] Lettre de Me Manguereka datée (par erreur) du 12 septembre reçue au SAVD le 13 octobre 2023 ; Rapport SAVD du 19 octobre 2023, p.2.
[153] Lettre de Me Manguereka datée (par erreur) du 12 septembre reçue au SAVD le 13 octobre 2023.
[154] Observations de l'USPVT, en date du 13 octobre 2023, reçues à la chambre d'appel le 19 octobre.
[155] Rapport SAVD du 19 octobre 2023.

dignité des victimes et le principe de ne pas leur nuire, mais aussi les dispositions relatives à la protection des victimes, les règles de fonctionnement du projet « Nengo », et le secret médical ou professionnel. La Chambre d'appel considère que le bénéfice des mesures de réparation exclut tout prétendu droit des conseils à intervenir, à participer ou à être informés des mesures de réparation. Les responsables du projet « Nengo » assistent les victimes selon leurs règles de fonctionnement et ne seront tenus que de rendre compte de la mesure à la Chambre d'appel et au SAVD. La Chambre d'appel invite l'IFJD à lui faire parvenir un rapport annuel et un rapport de fin de mesure.

175. Concernant la suggestion, émanant des conseils et du SAVD, relative à la création d'un organe et à l'implication des associations, la Chambre d'appel estime qu'elle dépasse le cadre de la présente procédure. La Chambre d'appel réitère que de telles mesures doivent être soigneusement étudiées afin de ne pas contrarier les principes et les règles ci-dessus indiqués. La Chambre d'appel rappelle ne pas être en mesure de créer des obligations à l'égard des tiers à la procédure. Les responsables du projet « Nengo » le conduisent selon leurs propres règles.

176. Concernant les préconisations relatives à la mainlevée des mesures de protection que la Chambre d'appel n'est pas en mesure d'apprécier en l'état, la Chambre d'appel invite l'USVPT à la saisir d'une éventuelle demande. Elle désigne le juge rapporteur pour apprécier une telle demande et, le cas échéant, faire évoluer par ordonnance les mesures de protection. L'USPVT envisagera, à titre provisoire, la conclusion d'accord de confidentialité avec les partenaires du Projet « Nengo ».

177. En conclusion, la Chambre d'appel prononce comme mesures de réparation individuelle la participation des victimes XX, ZZ, AAA, OO et JJ au projet « Nengo ».

#### c) Autres réparations dites « individuelles » ordonnées par la Section d'assises

##### (1) Résumé des conclusions de la Section d'assises

178. Devant la Section d'assises, les avocats des parties civiles ont réclamé pour les veuves, enfants et frères et sœurs de chaque victime de meurtre à Koundjili et Lemouna 3.000.000 francs CFA par enfant, 2.000.000 francs CFA par veuve et 1.000.000 francs CFA par frère et sœur. La Section d'assises a indiqué qu'elle faisait droit à ces demandes, mais que les sommes demandées étaient excessives, compte tenu des ressources disponibles[156]. Pour « ramener ces montants à leur plus juste proportion », elle a alloué « 1.000.000 francs pour chacun des ayants-droits » de 16 victimes décédées à Koundjili et Lemouna[157]. Pour chaque victime décédée, la Section d'assises a

[156] Jugement attaqué, §163.
[157] Jugement attaqué, §163.

indiqué un ou, en deux occurrences, deux « représentants »[158]. La même liste apparaît dans le dispositif du Jugement attaqué, mais une somme globale de 1.000.000 francs CFA est accordée aux ayants droit de chaque victime décédée, indépendamment du nombre des ayants droit[159].

(2) Arguments des parties civiles

179. Devant la Chambre d'appel, les avocats des parties civiles maintiennent que la Section d'assises n'aurait pas dû accorder la même somme par victime décédée, indépendamment du nombre des ayants droit et reprochent à la Section d'assises de ne pas avoir tenu compte du nombre de membres au sein de chaque famille ; ils réclament, pour les ayants droit de 13 victimes décédées à Koundjili et 19 victimes décédées à Lemouna, les sommes réclamées devant la Section d'assises[160]. Ils soutiennent également que la Section d'assises n'aurait accordé aucune indemnisation aux veuves et frères et sœurs des décédés[161].

180. Les avocats des parties civiles notent également une contradiction entre la motivation du Jugement attaqué, qui accorde la somme de 1.000.000 francs CFA à chacun des ayants droit, et le dispositif, qui accorde cette somme par victime décédée[162].

(3) Analyse de la Chambre d'appel

181. L'approche de la Section d'assises concernant l'indemnisation des ayants droit n'est pas sans équivoque. Notamment, la Section d'assises a décidé de ne pas accorder des indemnisations à tous les ayants droit des victimes décédées, mais semble avoir voulu accorder des indemnisations seulement aux ayants droit d'une victime décédée si au moins une partie civile a été déclarée recevable, laquelle représente l'ensemble des ayants droit. Pourtant, certaines des personnes nommées comme « représentants » n'ont pas été reçues parties civiles par la Section d'assises[163].

182. De plus, il ne ressort pas clairement de la décision si la Section d'assises considère que les veuves des victimes ainsi que leurs frères et sœurs sont inclus parmi les ayants droit. Comme l'ont soulevé les avocats des parties civiles, il existe également une certaine contradiction entre la motivation et le dispositif du Jugement attaqué quant à la somme accordée (1.000.000 francs CFA par ayant droit ou par victime décédée ?).

183. Bien que la Chambre d'appel considère qu'une section d'assises peut accorder des sommes forfaitaires par famille de victime décédée comme mesure de réparation, qui prendrait ainsi plutôt

[158] Jugement attaqué, §163.
[159] Jugement attaqué, p.39-40.
[160] Mémoire d'appel, p.18-22.
[161] Mémoire d'appel, p.20, 22-23.
[162] Mémoire d'appel, p.23-24.
[163] Notamment, Paulin Houlkaoula, Michel Senekoula, Médard Haoumi et Ange Mbandoya ; v. Jugement attaqué, p.40.

une forme symbolique et collective, car dirigée vers les familles des victimes, l'approche adoptée par la section d'assises doit être claire et cohérente. Cela n'étant pas le cas en l'espèce, il convient de reformer la décision de la Section d'assises sur ce point.

184. La Chambre d'appel rappelle les principes évoqués ci-dessus, notamment les principes de dignité, de non-discrimination et de non-stigmatisation, de la réparation adéquate et proportionnée, de l'effectivité des mesures de réparation et du principe de ne pas nuire[164], auxquels la mesure de réparation doit répondre.

185. Elle rappelle également que les réparations collectives ne devraient que très exceptionnellement prendre une forme financière. Toutefois, étant donné qu'il s'agit de la première procédure en réparation et que la Section d'assises a accordé des réparations collectives financières, qui en l'espèce semblent réalisables, et qu'elle a rejeté la plupart des autres demandes en réparation collective, la Chambre d'appel a décidé, à titre exceptionnel, de maintenir cette mesure de réparation. Bien que les réparations financières ne compensent pas les souffrances des membres des familles des décédés, les sommes accordées constituent une reconnaissance symbolique des souffrances de ces familles et peuvent répondre, au moins partiellement, aux besoins de ceux qui ont perdu des proches à cause des crimes dont les condamnés sont coupables.

186. Pourtant, s'agissant alors de réparation collective, la Chambre d'appel considère qu'il est important que chaque famille ayant perdu un membre lors des attaques à Koundjili et Lemouna reçoive une somme d'argent, indépendamment de la recevabilité de la constitution de partie civile d'un de ses membres. Ainsi, elle inclut dans cette mesure de réparation toutes les familles des victimes décédées. La Chambre d'appel rappelle dans ce contexte que des mesures de réparation collectives ne sont pas forcément limitées aux victimes valablement constituées parties civiles[165].

187. La Chambre d'appel a noté une certaine divergence entre les noms et nombre des victimes décédées indiqués dans le Jugement pénal, les Jugement attaqué et les écritures des avocats des parties civiles. Ayant revu le dossier de l'affaire, elle constate que les personnes suivantes ont été victimes de meurtre à Koundjili :

- Florentin Bissi ;
- Basile Houtia ;
- Ferdinand Houtia ;
- Mitterrand Houtia ;
- Jérémie Kembi ;
- Prosper Ngoye ;
- Jeudi Pouna ;

[164] V. §§95-110.
[165] V. §93.

- Augustin Vote ;
- Olivier Yaboutouni[166] ;
- Elisée Yambia ;
- Sévérin Yaou ;
- César Toussekaya et
- Jean Zahoro[167].

188. Les personnes suivantes ont été victimes de meurtre à Lemouna :

- Bizarre Bari[168] ;
- Gaspard Bari (ou Zibela) ;
- Laurent Bari ;
- Dessaï Bendounga ;
- Simon Demon ;
- Raphaël Haoumi ;
- Chanas Petagor Horo Zozo ;
- Michel Sosthène Kobaïkera ;
- Hubert Ndounga ;
- Zachée Ngoung-Poule ;
- Thomas Nguengo ;
- Patrice Nzapele ;
- Jospin Nzohoune ;
- Félicité Zozo ;
- Clément (ou Yambéré) Passy ;
- Yapele (ou Fernand) Sang-Baile ;
- Christophe Senele ;
- Justin Woimayine et
- Crépin Winzeraketia[169].

189. La Chambre d'appel rappelle que l'effectivité des réparations nécessite que les réparations accordées soient mises en œuvre ; autrement dit, des ressources suffisantes doivent être disponibles pour financer les sommes accordées. Ayant reçu des renseignements du SAVD quant aux ressources disponibles, la Chambre d'appel a déterminé la somme accordée à chaque famille.

190. La Chambre d'appel rappelle qu'il s'agit d'une mesure de réparation collective, exceptionnellement financière et de portée symbolique – la somme accordée ne prétend pas

[166] La Chambre d'appel note que, dans le Jugement pénal, §274, cette victime est à tort aussi énumérée comme une victime à Lemouna.
[167] La Chambre d'appel que le Jugement pénal, §257, fait également référence à une victime nommée Jean-Marie Lombadou. Après consultation du dossier, notamment la côte D-II-100.4, elle a conclu que cette victime et Jean Zahoro sont identiques.
[168] Dans le Jugement pénal, §274, référence est faite à une victime qui serait « le mari de Madame Marie-Josée Mbaïlo ». Ayant étudié le dossier, notamment la côte D-I-90.4, la Chambre d'appel a conclu qu'il s'agit de Bizarre Bari.
[169] Dans le Jugement pénal, §275, référence est faite à une victime nommée « Winzirati ». Ayant étudié le dossier, notamment la côte D-I-49.19, la Chambre d'appel a conclu qu'il s'agit de Crépin Winzeraketia.

correspondre à l'intégralité des préjudices subis. Au regard des ressources disponibles limitées, la Chambre d'appel est en capacité de prononcer des mesures symboliques de réparation.

191. La Chambre d'appel est également consciente que le nombre de membres de chaque famille des victimes décédées varie : certaines victimes ont laissé plus de parents que d'autres. Une autre approche aurait pu consister à accorder des sommes par parent (veuve, enfant, père, mère, frère, sœurs…). Cependant, une telle approche aurait nécessité une procédure de vérification d'identité et de parenté pour plusieurs centaines de personnes. Des ressources déjà limitées auraient dû être consacrées à des opérations de vérification ou de gestion, au lieu de les concentrer sur les mesures de réparation proprement dites. Le bénéfice potentiel de mesures déjà symboliques se serait alors effondré. Face à un choix difficile, la Chambre d'appel a opté pour des mesures simples à mettre en œuvre, dans un avenir proche. Elle réitère aussi que les réparations financières sont d'ordre symbolique et collectif. Elles sont prononcées à titre exceptionnel, dans cette première procédure en réparation.

192. La Chambre d'appel note que même la mesure pour laquelle elle a opté en l'espèce – celle de réparation collective sous forme de sommes symboliques forfaitaires par famille de victimes décédées – n'est pas sans défi en ce qui concerne sa mise en œuvre. La Chambre d'appel n'a pas nommé des « représentants » par famille, étant donné que des représentants n'ont pas été clairement identifiés pour chaque victime décédée. La Chambre d'appel demande aux conseils des victimes et au SAVD de coopérer afin d'assurer la mise en œuvre de cette mesure de réparation. Le juge rapporteur dans la présente procédure est désigné pour surveiller la mise en œuvre de la mesure et trancher les questions susceptibles de se présenter.

### 2. *Moyens d'appel portant sur les réparations collectives*

193. Concernant les mesures de réparation collective, la Chambre d'appel, après avoir rappelé les mesures prononcées par la Section d'assises (a), exposera les arguments des conseils des parties civiles (b) puis procèdera à leur analyse (c).

#### a) Mesures de réparation collective ordonnées par la section d'assises

194. Au titre des réparations collectives, la Section d'assises a accueilli la demande de construction de monuments historiques dans les villages de Lemouna et de Koundjili, et la demande de construction de deux puits dans chacun des villages.

195. Elle a ensuite rejeté les demandes portant sur la construction d'un centre de santé et d'un centre de formation ; visant à l'installation d'une antenne téléphonique ; sollicitant l'installation

de force de l'ordre dans la zone ; la mise en place d'un programme d'éducation civique et à la paix.

196. La Section d'assises a également rejeté la demande d'octroi de la somme de 15.000.000 de francs CFA par village.

b) Arguments des parties civiles

197. Les avocats des parties civiles soulignent que les victimes dans les villages de Lemouna et de Koundjili ont subi des préjudices moraux et font état de traumatismes résultant de ces attaques[170]. Ils semblent reprocher à la Section d'assises d'avoir estimé « que les réparations à titre individuel devraient être complétées par un ensemble de réparation collective, elle ne peut qu'accorder des mesures qui engagent des entités qui n'ont pas [*sic*] été parties au procès »[171].

198. D'une manière plus générale, les avocats des parties civiles appellent à compléter les mesures de réparation individuelle par plusieurs mesures de réparation collective. Ils soulignent que la juridiction n'a pas à s'inquiéter de la réalisation des mesures qu'elle ordonne car « si le condamné est indigent ou si les biens qu'il possède ne sont pas suffisants pour financer l'ensemble des réparations ordonnées, la Section d'assises peut inviter le Service d'aide aux victimes et à la défense de solliciter des financements externes »[172]. Les avocats des parties civiles soutiennent même, concernant la demande de construction d'un centre de santé, que « [i]l n'appartient pas à la Section de décider de la faisabilité de cette demande »[173].

199. Ils demandent à la Chambre d'appel d'infirmer le Jugement attaqué et d'ordonner la construction d'un centre de santé ; d'ordonner l'installation de force de l'ordre ; d'ordonner la mise en place d'un programme d'éducation civique et à la paix ; d'accorder la somme de 15.000.000 de francs CFA à chacun des deux villages.

c) Analyse de la Chambre d'appel

200. En disposant que la Section d'assises peut ordonner une variété de mesures de réparation, l'article 129-B du RPP a entendu confier une large marge d'appréciation aux juridictions dans la détermination des mesures adéquates. Le RPP invite les juridictions à exercer leurs attributions avec discernement, après avoir entendu les parties et en prononçant des mesures de réparation qui soient adaptées à la nature et à l'ampleur des préjudices subis par les parties civiles.

---

[170] Mémoire d'appel, p.24.
[171] Mémoire d'appel, p.24.
[172] Mémoire d'appel, p.25.
[173] Mémoire d'appel, p.24.

201. A ce titre, la Chambre d'appel regrette l'absence de participation du Parquet spécial et de la défense à la présente procédure. Elle souligne que les parties civiles n'ont pas sollicité l'organisation d'une audience.

202. Concernant l'examen des demandes, la Chambre d'appel rappelle qu'en tant que demandeur, le poids de la preuve pèse sur l'avocat des parties civiles. Il lui incombe en effet de présenter ses demandes et les pièces justificatives[174].

203. La Chambre d'appel s'étonne qu'un conseil puisse solliciter d'une juridiction une décision en lui demandant de faire abstraction de sa faisabilité. Une telle assertion n'est pas de nature à appuyer les prétentions raisonnables d'un conseil. La Chambre d'appel a déclaré son attachement au droit à un recours effectif, ce qui inclut au premier chef la crédibilité qui s'attache à une décision judiciaire. La Chambre d'appel s'attachera toujours, par considération pour les parties civiles et les victimes et pour les fonctions dont elle est investie, à prononcer des décisions exécutoires[175].

204. La Chambre d'appel examinera désormais chacun des moyens d'appel.

(1) Concernant la construction d'un centre de santé et d'un centre de formation

205. Pour rejeter la demande, la Section d'assises a conclu qu'une telle demande « dépass[ait] outre mesure largement l'esprit du texte lequel prévoit plutôt des mesures de formation ou de soins médicaux »[176].

206. La Chambre d'appel constate d'abord que le conseil des parties civiles ne fait appel que du rejet de la demande de construction d'un centre santé[177]. Il ne formule aucun grief contre le rejet de la demande de centre de formation.

207. La Chambre d'appel estime qu'un tel projet est susceptible d'entrer dans les prévisions de l'article 129-B du RPP. À le supposer inadapté en raison d'une éventuelle trop grande ampleur, la Section d'assises aurait pu inviter les parties à préciser leur demande afin de l'ajuster aux besoins réels. La Chambre d'appel souligne que le bienfondé des demandes formulées par les parties civiles, éventuellement avec le soutien du SAVD, s'apprécient sur les pièces du demandeur, notamment précisant la demande, son lien avec le crime, et les conditions de la réalisation de la demande, notamment pratiques et financières.

174 V. §80.
175 V. §§98-100.
176 Jugement attaqué, §167.
177 Mémoire d'appel, p.25.

208. Or, la Chambre d'appel constate que la demande de réparation sous forme de construction d'un centre de soins appelle une élaboration et une précision défaillantes en l'espèce. La demande des conseils des parties civiles ne permet pas devant la Section d'assises, pas plus d'ailleurs que devant la Chambre d'appel, d'apprécier la nature et l'ampleur des réparations sollicitées. En effet, la demande des conseils des parties civiles ne répond pas aux conditions de réalisation identifiées ci-dessus[178]. Les conseils des parties civiles ne présentent pas une demande suffisamment précise pour permettre à la Section d'assises (ou bien à la Chambre d'appel) d'apprécier la mesure sollicitée. La Chambre d'appel ne trouve ainsi pas d'erreur dans son rejet par la Section d'assises.

209. La Chambre d'appel rejette par conséquent l'appel sur ce point.

(2) Concernant l'installation de force de l'ordre à proximité des villages de Lemouna et Koundjili

210. Pour rejeter la demande, la Section d'assises a estimé qu'il s'agissait d'une prérogative souveraine de l'Etat centrafricain qui n'est pas partie à la procédure[179].

211. La Chambre d'appel admet en principe que puissent entrer dans les réparations les mesures de nature à éviter la réitération des crimes.

212. La Chambre d'appel, rappelant les principes exposés plus haut[180], ne voit cependant aucune erreur dans les motifs exposés par la Section d'assises. Les juridictions de jugement de la Cour pénale spéciale n'ont pas compétence pour ordonner aux autorités de la République Centrafricaine ou onusiennes la réalisation d'une telle mesure de réparation.

213. La Chambre d'appel rejette par conséquent l'appel sur ce point.

(3) Concernant la mise en place d'un programme d'éducation civique et à la paix

214. Pour rejeter la demande, la Section d'assises a jugé que celle-ci ne présentait pas de précisions suffisantes, ni dans les contenus ni dans les bénéficiaires[181]. Elle ajoutait de surcroît ne pas avoir compétence pour imposer un programme relevant de la politique gouvernementale en matière d'éducation nationale.

215. En appel, les conseils des parties civiles précisaient qu'il ne s'agissait pas d'une formation académique, mais seulement d'inculquer quelques principes pacifiques à destination de la jeunesse des villages en question[182].

---

[178] V. §100.
[179] Jugement attaqué, §168.
[180] V. §106.
[181] Jugement attaqué, §169.
[182] Mémoire d'appel, p.26.

216. La Chambre d'appel convient que la mise en place d'un programme d'éducation civique et pacifique entre incontestablement dans les prévisions de l'article 129-B du RPP. Les précisions des conseils des parties civiles permettent d'écarter le second motif dégagé par la Section d'assises dans le Jugement attaqué.

217. En revanche, la Chambre d'appel estime que, sans manquer d'intérêt, la demande des conseils des parties civiles ne répond pas aux conditions de réalisation identifiées ci-dessus[183]. Les conseils des parties civiles ne présentent pas une demande de programme d'éducation précise, documentée ni les conditions de la réalisation de ce programme. La Chambre d'appel ne voit par conséquent aucune erreur susceptible d'être reprochée à la Section d'assises pour avoir, sous cette forme insuffisamment élaborée, rejeté la demande.

218. La Chambre d'appel rejette par conséquent l'appel sur ce point.

(4) Concernant l'allocation de la somme de 15.000.000 de francs CFA à chacun des deux villages

219. Pour rejeter la demande, la Section d'assises a considéré que « la partie civile n'a pas apporté la preuve d'un lien entre les préjudices retenus précédemment et les motifs de cette demande et ce d'autant plus que des réparations collectives viennent en complément aux réparations individuelles et que les parties civiles ont été déjà précédemment dédommagées »[184].

220. La Chambre d'appel constate que la demande présentée devant la Section d'assises par les avocats des parties civiles ne précise pas si elle est formulée au nom des villages en question lesquels, à supposer qu'ils disposent de la personnalité juridique, ne se sont pas constitués parties civiles. Les conseils n'expliquent pas en quoi ces demandes relèvent des mesures de réparations collectives, ni en quoi elles sont liées aux crimes commis par les condamnés. Ils n'expliquent ni ne justifient le montant des sommes demandées.

221. Devant la Chambre d'appel, les conseils des parties civiles contestent les conclusions du Jugement attaqué sans en discuter les motifs. Ils n'identifient aucune erreur de la part de la Section d'assises. La Chambre d'appel rejette par conséquent l'appel sur ce point.

(5) Concernant le forage de deux puits dans chacun des villages de Koundjili et Lemouna

222. La Chambre d'appel, agissant d'office, examinera désormais les mesures collectives prononcées par la Section d'assises. La Chambre d'appel considère que dans le cas d'espèce il est approprié de procéder ainsi, compte tenu de l'ampleur des mesures ordonnées.

---

[183] V. §100.

[184] Jugement attaqué, §170.

223. La Section d'assises a prononcé au titre des réparations collectives le forage de deux puits au motif que « la construction de deux puits [...] pour chacun des villages sont de nature à permettre aux victimes et rescapés, qui souffrent encore des traumatismes à la suite des crimes, d'accéder à l'eau potable »[185]. Elle estimait ensuite que ce projet était adapté à la nature et à l'ampleur des préjudices.

224. La Chambre d'appel ne sous-estime pas les souffrances des parties civiles et des populations des villages de Koundjili et Lemouna. Elle comprend très distinctement l'importance de l'accès à l'eau dans les villages de la région de Paoua.

225. La Chambre d'appel observe cependant, contrairement au motif ci-dessus du Jugement attaqué, qu'aucune pièce ne vient préciser la nature et l'ampleur du préjudice provoqué par le meurtre de nombreuses victimes dans ces villages auquel le forage de puits viendrait remédier.

226. Le lien entre les homicides et le forage des puits n'est pas non plus établi. Le Jugement d'attaqué n'expose pas en quoi le forage de ces puits constituerait une mesure de réparation adaptée aux crimes commis dans les villages ; les explications données dans le mémoire des parties civiles du 19 janvier 2023 sont sommaires[186]. Aucune étude de faisabilité (venant par exemple simplement attester de l'existence d'une nappe d'eau), ni aucun plan de financement n'est joint à la demande.

227. Ayant identifié une erreur de droit, la Chambre d'appel rejette la demande de forage en question.

(6) Concernant l'installation d'un monument historique dans chacun des villages de Koundjili et Lemouna

228. Avant de se prononcer sur cette mesure, la Section d'assises estime, « que les réparations précédemment accordées à titre individuel devront être complétées, dans la mesure du possible, par un ensemble de réparation collective »[187]. Elle estimait ensuite, « que ce projet est adapté à la nature des préjudices car il permettrait aux parties civiles et plus largement aux villageois de commémorer cet événement du 21 mai 2019 afin que leurs souffrances ne soient pas oubliées ».

229. La Chambre d'appel convient que l'édification d'un mémorial s'inscrit dans les mesures de réparation collective.

230. La Chambre d'appel observe cependant qu'aucun projet de « monument historique » ayant recueilli l'assentiment des populations notamment dans sa dimension mémorielle ou esthétique

---

185 Jugement attaqué, §172.
186 V. mémoire du 19 janvier 2023, §88.
187 Jugement attaqué, §165.

n'a été porté à la connaissance de la juridiction. Aucune étude de faisabilité ni de financement n'est jointe à la demande.

231. La Chambre d'appel en conclut que la demande, qui n'a pas été suffisamment documentée par les parties civiles, ni évaluée par les services compétents, n'est pas en état d'être jugée.

232. La demande d'une installation historique ou mémorielle retient cependant l'attention de la Chambre d'appel en tant que mesure de réparation collective. La Chambre d'appel n'est cependant pas en mesure de se prononcer sur le bienfondé de la demande.

233. Il incombe par conséquent aux parties civiles de préciser leur demande. La Chambre d'appel reste ainsi saisie de la demande et se prononcera au terme de la procédure de mise en état devant le juge rapporteur.

***

## DISPOSITIF

Par ces motifs, après en avoir délibéré conformément à la loi, la Chambre d'appel, statuant contradictoirement, publiquement et en dernier ressort,

**En la forme :**

**DECLARE** l'appel recevable.

**Au fond :**

**REFORME** le Jugement attaqué et :

1. **DECLARE RECEVABLES** les constitutions de partie civile de Simplice Bissi, Simon Faya, Patrick Yaou, Désiré Ngoy, Félicité Bissi, Bosco Ndobeletia, Philémon Yaka et Valentin Houtia, ainsi que de XX, ZZ, OO, AAA, et JJ en ce qui concerne les événements survenus le 21 mai 2019 à Koundjili ;
2. **DECLARE RECEVABLES** les constitutions de partie civile de Jean Denis Albert Horo, Lazare Dane, Alphonse Nzouwone, Sylvain Fendingnaroutia, Sylvain Haoumi Belahimi, Paulin Pouna, Lévy Zatala, Darlan Ndao et Jules Calvaire Gompoule en ce qui concerne les événements survenus le 21 mai 2019 à Koundjili ;
3. **DECLARE IRRECEVABLES** les autres constitutions de partie civile déposées au nom des victimes des événements survenus le 21 mai 2019 à Koundjili et Lemouna ;
4. **PRONONCE LES MÉSURES DE RÉPARATION INDIVIDUELLE SUIVANTES CONTRE Issa SALLET ADOUM alias BOZIZÉ :**
   a. Victimes ZZ et AAA reçoivent chacune la somme de 1.000.000 francs CFA ;
   b. Victimes XX, JJ et OO reçoivent chacune la somme de 700.000 francs CFA ;
   c. La proposition de participation au projet « Nengo » est approuvée et les Victimes ZZ, AAA, XX, JJ et OO sont invitées à participer au projet d'assistance aux victimes de violences sexuelles « Nengo » ;

5. **PRONONCE LES MÉSURES DE RÉPARATION INDIVIDUELLE SUIVANTES CONTRE Issa SALLET ADOUM alias BOZIZÉ, Ousman YAOUBA ET Mahamat TAHIR,** conjointement et solidairement :

    a. Alphonse Nzouwone, Sylvain Fendingnaroutia et Sylvain Haoumi Belahimi reçoivent chacun la somme de 600.000 francs CFA ;

    b. Lazare Dane reçoit la somme de 200.000 francs CFA.

6. **PRONONCE LES MÉSURES DE RÉPARATION COLLECTIVES SYMBOLIQUES SUIVANTES CONTRE Issa SALLET ADOUM alias BOZIZÉ, Ousman YAOUBA ET Mahamat TAHIR,** conjointement et solidairement :

    a. La famille de Florentin Bissi, tué lors de l'attaque à Koundjili, reçoit la somme de 350.000 francs CFA ;

    b. La famille de Basile Houtia, tué lors de l'attaque à Koundjili, reçoit la somme de 350.000 francs CFA

    c. La famille de Ferdinand Houtia, tué lors de l'attaque à Koundjili, reçoit la somme de 350.000 francs CFA ;

    d. La famille de Mitterrand Houtia, tué lors de l'attaque à Koundjili, reçoit la somme de 350.000 francs CFA ;

    e. La famille de Jérémie Kembi, tué lors de l'attaque à Koundjili, reçoit la somme de 350.000 francs CFA ;

    f. La famille de Prosper Ngoye, tué lors de l'attaque à Koundjili, reçoit la somme de 350.000 francs CFA ;

    g. La famille de Jeudi Pouna, tué lors de l'attaque à Koundjili, reçoit la somme de 350.000 francs CFA ;

    h. La famille de Augustin Vote, tué lors de l'attaque à Koundjili, reçoit la somme de 350.000 francs CFA ;

    i. La famille de Olivier Yaboutouni, tué lors de l'attaque à Koundjili, reçoit la somme de 350.000 francs CFA ;

    j. La famille de Elisée Yambia, tué lors de l'attaque à Koundjili, reçoit la somme de 350.000 francs CFA ;

k. La famille de Sévérin Yaou, tué lors de l'attaque à Koundjili, reçoit la somme de 350.000 francs CFA ;

l. La famille de César Toussekaya, tué lors de l'attaque à Koundjili, reçoit la somme de 350.000 francs CFA ;

m. La famille de Jean Zahoro, tué lors de l'attaque à Koundjili, reçoit la somme de 350.000 francs CFA ;

n. La famille de Bizarre Bari, tué lors de l'attaque à Lemouna, reçoit la somme de 350.000 francs CFA ;

o. La famille de Gaspard Bari (ou Zibela), tué lors de l'attaque à Lemouna, reçoit la somme de 350.000 francs CFA ;

p. La famille de Laurent Bari, tué lors de l'attaque à Lemouna, reçoit la somme de 350.000 francs CFA ;

q. La famille de Dessaï Bendounga, tué lors de l'attaque à Lemouna, reçoit la somme de 350.000 francs CFA ;

r. La famille de Simon Demon, tué lors de l'attaque à Lemouna, reçoit la somme de 350.000 francs CFA ;

s. La famille de Raphaël Haoumi, tué lors de l'attaque à Lemouna, reçoit la somme de 350.000 francs CFA ;

t. La famille de Chanas Petagor Horo Zozo, tué lors de l'attaque à Lemouna, reçoit la somme de 350.000 francs CFA ;

u. La famille de Michel Sosthène Kobaïkera, tué lors de l'attaque à Lemouna, reçoit la somme de 350.000 francs CFA ;

v. La famille de Hubert Ndounga, tué lors de l'attaque à Lemouna, reçoit la somme de 350.000 francs CFA ;

w. La famille de Zachée Ngoung-Poule, tué lors de l'attaque à Lemouna, reçoit la somme de 350.000 francs CFA ;

x. La famille de Thomas Nguengo, tué lors de l'attaque à Lemouna, reçoit la somme de 350.000 francs CFA ;

y. La famille de Patrice Nzapele, tué lors de l'attaque à Lemouna, reçoit la somme de 350.000 francs CFA ;

z. La famille de Jospin Nzohoune, tué lors de l'attaque à Lemouna, reçoit la somme de 350.000 francs CFA ;

aa. La famille de Félicité Zozo, tué lors de l'attaque à Lemouna, reçoit la somme de 350.000 francs CFA ;

bb. La famille de Clément (ou Yambéré) Passy, tué lors de l'attaque à Lemouna, reçoit la somme de 350.000 francs CFA ;

cc. La famille de Yapele (ou Fernand) Sang-Baile, tué lors de l'attaque à Lemouna, reçoit la somme de 350.000 francs CFA ;

dd. La famille de Christophe Senele, tué lors de l'attaque à Lemouna, reçoit la somme de 350.000 francs CFA ;

ee. La famille de Justin Woimayine, tué lors de l'attaque à Lemouna, reçoit la somme de 350.000 francs CFA ;

ff. La famille de Crépin Winzeraketia, tué lors de l'attaque à Lemouna, reçoit la somme de 350.000 francs CFA ;

7. **RESTE SAISIE** de la demande de réparation collective sous forme de projet mémoriel ou historique ;
8. **DIT** que le Juge rapporteur est chargé de suivre l'exécution des mesures de réparation et pourra procéder par voie d'ordonnance ;
9. **DIT** que le chef de l'Unité du Service d'Aide aux victimes et à la Défense fera rapport de l'exécution des mesures de réparation accordées ;
10. **REJETTE** le reste des demandes de réparation.

**RÉSERVE** les dépens.

Fait à Bangui le 23 octobre 2023

*/signé/*

**M. le Juge Barthélémy YAMBA**
**Président de la Chambre d'appel**

*/signé/*

**M. le Juge Olivier BEAUVALLET**

*/signé/*

**M. le Juge Volker NERLICH**

*/signé/*

**Me Martin BOTEOKO, Greffier**

# Tables d'abréviations

## *Abréviations générales*

| | |
|---|---|
| **CETC** | Chambres extraordinaires aux seins des tribunaux cambodgiens |
| **CPI** | Cour pénale internationale |
| **CPS** | Cour pénale spéciale |
| **IFJD** | Institut Francophone pour la Justice et la Démocratie – Institut Louis Joinet |
| **SAVD** | Service d'aide aux victimes et à la défense de la CPS |
| **USPVT** | Unité de soutien et de protection des victimes et des témoins de la CPS |

## *Lois et autres instruments juridique*

| | |
|---|---|
| **CPP** | Loi n°10.002 du 6 janvier 2010, Code de procédure pénale centrafricain, https://www.legal-tools.org/doc/a00fcc/ |
| **Loi Organique** | Loi organique n°15.003 du 3 juin 2015, portant création, organisation et fonctionnement de la Cour pénale spéciale, https://www.legal-tools.org/doc/fd284b/ |
| **Principes fondamentaux (1985)** | Déclaration des principes fondamentaux de justice relatifs aux victimes de la criminalité et aux victimes d'abus de pouvoir, Assemblée générale des Nations Unies, résolution A/RES/40/34, 29 novembre 1985 https://www.legal-tools.org/doc/1a6347/ |
| **Principes fondamentaux (2005)** | Principes fondamentaux et directives concernant le droit à un recours et à réparation des victimes de violations flagrantes du droit international des droits de l'homme et de violations graves du droit international humanitaire, Assemblée générale des Nations Unies, résolution A/RES/60/147, 16 décembre 2005, https://www.legal-tools.org/doc/iyxeko/ |
| **RPP** | Loi n°18.010 du 2 juillet 2018, portant règlement des procédure et preuve devant la Cour pénale spéciale de la République centrafricaine, https://www.legal-tools.org/doc/f2t8zd/ |
| **Statut de Rome** | Statut de Rome de la Cour pénale internationale, adopté le 17 juillet 1998 et entré en vigueur le 1 juillet 2002, A/CONF.183/9, https://www.legal-tools.org/doc/j9ja1s/ |

## *Jurisprudence*

| | |
|---|---|
| **Arrêt *Al Mahdi*** | CPI, Ch. App., *Al Mahdi*, Arrêt relatif à l'appel interjeté par les victimes contre l'Ordonnance de réparation, 8 mars 2018, ICC-01/12-01/15-259-Red2-tFRA, https://www.legal-tools.org/doc/c18c58/ |
| **Arrêt *Duch*** | CETC, Ch. Cour suprême, *Kaing Guek Eav alias Duch*, Arrêt, 3 février 2012, No. 001/18-07-2007-ECCC/SC, https://www.legal-tools.org/doc/924439/ |
| **Arrêt *Issa Sallet*** | Ch. App., Arrêt n°9 relatif aux appels interjetés contre le jugement no 003-2022 du 31 octobre 2022 de la Première Section d'Assises, 20 juillet 2023, 9-2022, https://www.legal-tools.org/doc/f1s6pp/ |
| **Arrêt *Katanga*** | CPI, Ch. App., *Katanga,* Judgment on the appeals against the order of Trial Chamber II of 24 March 2017 entitled "Order for Reparations pursuant to Article 75 of the Statute", 8 mars 2018, ICC-01/04-01/07-3778-Red, https://www.legal-tools.org/doc/0a95b7/ |
| **Arrêt *Lubanga*** | CPI, Ch. App. *Lubanga*, Arrêt relatif aux appels interjetés contre la Décision fixant les principes et procédures applicables en matière de réparations rendue le 7 août 2012 accompagné de l'Ordonnance de réparation MODIFIÉE (annexe A) et des annexes publiques 1 et 2, 3 mars 2015, ICC-01/04-01/06-3129-tFRA, https://www.legal-tools.org/doc/4pc0w3/ |
| **Arrêt *Ntaganda*** | CPI, Ch. App., *Ntaganda*, Arrêt relatif aux appels interjetés contre l'ordonnance de réparation rendue par la Chambre de première instance VI le 8 mars 2021, 12 septembre 2022, ICC-01/04-02/06-2782-tFRA, https://www.legal-tools.org/doc/4ne4dc/ |
| **Arrêt n°10** | Ch. App., Arrêt n°10 relatif à une demande de prolongation de délai du dépôt du mémoire d'appel des parties civiles contre le jugement n°001-2023 rendu par la Première Section d'assises le 16 juin 2023, 21 juillet 2023, 10-2022, https://www.legal-tools.org/doc/5b1cu8/ |
| **Décision *Lubanga*** | CPI, Ch. prem. inst., *Lubanga*, Décision fixant les principes et procédures applicables en matière de réparations, 7 août 2012, ICC-01/04-01/06-2904-tFRA, https://www.legal-tools.org/doc/b80174/ |
| **Jugement attaqué** | Première Section d'assises, Jugement n° 003-2022, 31 octobre 2022, n° CPS/C.ASS/ISA/22-001, https://www.legal-tools.org/doc/lr7fqm/ |
| **Jugement *Duch*** | CETC, Ch. prem. inst., *Kaing Guek Eav alias Duch*, Jugement, 26 juillet 2010, E188, https://www.legal-tools.org/doc/611805/ |
| **Jugement pénal** | Première Section d'assises, Jugement n° 003-2022, 31 octobre 2022, n° CPS/C.ASS/ISA/22-001, https://www.legal-tools.org/doc/lr7fqm/ |
| **Ordonnance *Al Mahdi*** | CPI, Ch. prem. inst., *Al Mahdi,* Ordonnance de réparation, 17 août 2017, ICC-01/12-01/15-236-tFRA, https://www.legal-tools.org/doc/c91dd6/ |

| | |
|---|---|
| **Ordonnance *Katanga*** | CPI, Ch. prem. inst., *Katanga*, Ordonnance de réparation en vertu de l'article 75 du Statut Accompagnée d'une annexe publique (annexe I) et d'une annexe confidentielle ex parte réservée au Représentant légal commun des victimes, au Bureau du conseil public pour les victimes, 24 mars 2017, ICC-01/04-01/07-3728, https://www.legal-tools.org/doc/83d6c4/ |
| **Ordonnance *Lubanga*** | CPI, Ch. App. *Lubanga*, Ordonnance de réparation, 3 mars 2015, ICC-01/04-01/06-3129-AnxA-tFRA, https://www.legal-tools.org/doc/401768/ |
| **Ordonnance *Ntaganda*** | CPI, Ch. prem. inst., *Ntaganda,* Ordonnance de réparation, 8 mars 2021, ICC-01/04-02/06-2659-tFRA, https://www.legal-tools.org/doc/yfq9cp/ |

# TABLE DES MATIÈRES

## Structures éditoriales du groupe L'Harmattan


**L'Harmattan Italie**
Via degli Artisti, 15
10124 Torino
harmattan.italia@gmail.com

**L'Harmattan Hongrie**
Kossuth l. u. 14-16.
1053 Budapest
harmattan@harmattan.hu

---

**L'Harmattan Sénégal**
10 VDN SICAP AMITIE 3
BP 45034 Dakar-Fann
direction@senharmattan.com

**L'Harmattan Cameroun**
Tsinga/Derrière polyclinique FECAFOOT
BP 11486 Yaoundé
Jacques.koukam@harmattan.fr

**L'Harmattan Burkina Faso**
Villa 281, secteur 23 623, rue 14.32
Ouagadougou
zagbie@outlook.fr

**L'Harmattan Guinée**
Almamya, rue KA 028 OKB Agency
BP 3470 Conakry
harmattanguinee@yahoo.fr

**L'Harmattan RDC**
185, avenue Nyangwe
Commune de Lingwala – Kinshasa
matangilamusadila@yahoo.fr

**L'Harmattan Congo**
219, avenue Nelson Mandela
BP 2874 Brazzaville
deunovmikhael@gmail.com

**L'Harmattan Mali**
Immeuble Mgr Jean Marie Cissé
Aci Hamadallaye
BP 145 Bamako
syllaka@yahoo.fr

**L'Harmattan Togo**
Djidjole – Maison Amela
face EPP BATOME
02 BP 20680 Lomé
didieramela11@gmail.com

**L'Harmattan Côte d'Ivoire**
Résidence Karl – Cité des Arts
Abidjan-Cocody
03 BP 1588 Abidjan
harmattan.ivoire@gmail.com

**L'Harmattan Bénin**
Rue 604, (Immeuble à l'entrée
de la rue UCAO- Cite de Saint-Jean)
Cotonou
stepcorpus@gmail.com


---

## Nos librairies en France


**Librairie internationale**
16, rue des Écoles
75005 Paris
librairie.internationale@harmattan.fr
01 40 46 79 11
www.librairieharmattan.com

**Librairie des savoirs**
21, rue des Écoles
75005 Paris
librairie.sh@harmattan.fr
01 46 34 13 71
www.librairieharmattansh.com